人际交往心理学

成为一名交际高手

江丰◎著

花山文艺出版社
河北·石家庄

图书在版编目（CIP）数据

人际交往心理学 : 成为一名交际高手 / 江丰著. --
石家庄 : 花山文艺出版社, 2020.5
ISBN 978-7-5511-4533-6

Ⅰ. ①人… Ⅱ. ①江… Ⅲ. ①心理交往－社会心理学－通俗读物 Ⅳ. ①C912.11-49

中国版本图书馆CIP数据核字(2020)第052344号

书　　名：人际交往心理学：成为一名交际高手
Renji Jiaowang Xinlixue：Chengwei Yiming Jiaoji Gaoshou
著　　者：江　丰

责任编辑：梁东方
责任校对：林艳辉
美术编辑：陈　淼
封面设计：李　一
出版发行：花山文艺出版社（邮政编码：050061）
（河北省石家庄市友谊北大街 330 号）
销售热线：0311-88643221/29/31/32/26
传　　真：0311-88643225
印　　刷：三河市金泰源印务有限公司
经　　销：新华书店
开　　本：880×1230　1/32
印　　张：8
字　　数：180 千字
版　　次：2020 年 5 月第 1 版
2020 年 5 月第 1 次印刷
书　　号：ISBN 978-7-5511-4533-6
定　　价：39.80 元

序言：学会与人交往，拥有好人缘

亲爱的朋友，你有没有经历过这样的时刻？

遇到熟悉的人，能和他们侃侃而谈；遇到不熟悉的人，你则沉默寡言，甚至想趁早离开他们。

你害怕一切与人交往的场合，不想和人打交道，只想躲在自己认为安全的世界，过着简单快乐的生活。

每当看到别人在人群中谈笑风生，有一群人围观时，你只能孤单地坐在角落里，认为快乐是属于他们的，而不属于你。

如果你有这样的经历，不用伤心。因为不是每个人一生下来，就可以和人打交道，成为一位交际高手。

不过你也要明白，我们活在现实的生活中，人际交往如同一张网，我们必须要在这张网里好好生活，才能够过得顺心如意。

没有人会是一座孤岛，从此刻起，你要有意识地培养与他人正常交往的意识。这样你才算是一个真实活着的人。

在当今社会，拥有好的人缘，就如同拥有了一张好的通行证，能够让我们在人际关系中，遇事左右逢源，顺风顺水。

然而生活中，并不是每个人都有好的人缘。许多人，每天做着认为自己对的事情，却一直苦恼没有好的人际关系。

他们不懂得人情世故，不知道要怎样与人说话，怎样与人相处，只按自己的想法来说话办事，结果事情办不成，得罪了人也不自知。

在现实生活中，你是否会常常觉得身边的人不好相处，生活和工作都过得苦闷压抑，明明你已经做得很好了，却怎么也不能让别人满意。

你独来独往，不愿过多与人交往，你觉得与其费尽心思去讨好别人，昧着自己的良知，去建立人际关系，还不如做好自己，活在自己的世界，不用去理会他人。

如果你这样想，那说明你可能对如何经营人际关系存在误区。所谓人际交往，其实很简单。它不是要我们抹去身上的棱角，去学会阿谀奉承，讨好别人，做违背自己良知和道德的事情。

人际交往，是我们为人处世的一项重要技能，它与我们的日常工作、生活学习息息相关。活在世上，你必须要懂得为人处世，与他人保持愉快友好的关系，你才不会觉得自己被他人孤立，感到孤独难受。

要如何与别人像朋友一样相处，让周围的人都喜欢你呢？这个问题，相信也一定深深困惑过你。

首先你要明白什么是人际交往。

所谓人际交往，是指人们在生产或生活活动过程中所建立的一种社会关系。

通俗地说，人与人交往关系的总称，就是“人际交往”。比如亲属关系、朋友关系、同学关系、师生关系、雇佣关系、战友关系、同事及领导与被领导关系等。

在职场中，该如何与领导相处，如何与同事相处；生活中该如何与朋友正常交往，如何与陌生人交往。

这些都涉及人际交往方面的知识，当你明白这些知识，并能将它灵活地运用到实际生活中去，你便能轻松学会与人打交道，与他人建立良好的人际关系。

我们都知道，让一个人喜欢你很容易，让众人都喜欢你很难。但只要你懂得人际交往心理学，知道如何与人交往，你会发现其实做一个交往达人并没有你想象中那么困难。

仔细观察，你会看到，在我们周围有许多交际达人。

他们一开口说话，就让人喜欢；他们无论走到哪里，都备受瞩目，让人为之喝彩；他们能与各种各样的人打交道，迅速融入别人的话题，随意畅聊。

他们为什么会有如此的魅力？会不会有一天，你也能变得和他们一样优秀？人际交往是一门艺术，只要你肯学，你终究能和他们一样优秀，变成交际达人。

本书结合心理学知识，在大量真实故事和案例的基础上，用实际有效的“干货”告诉你，如何与他人相处，如何变得有好人缘。

没有枯燥的理论，有的只是让你幡然醒悟的指导。翻开这本书，让你从此不再担心人际交往这个问题。

愿此书能帮助你，彻底摆脱人交往的困扰，成为一个交际达人。

江丰

2018 年 9 月 25 日

目　录

第三章　透过表象，看清交际背后的本质

第四章　掌握处世智慧，搭建好你的人际关系

第五章　提升洞察水平，经营好你的人际关系

第一章

世界布满危险，你不能太单纯

一、你可以善良，但记住要有锋芒

人和人之间的交往是一件很奇怪的事情。有时候，一个人当面对你真诚友好，背地里他却对你说尽坏话，让你听得都感到不寒而栗；而有时候，一个人当面说你不好，背后却逢人便说你的好话。

俗话说，知人知面不知心，这就是告诉我们，在与他人交往的时候要有戒心，不能总凭着心情，任性地交往。

现实生活中，最怕这样的情况：你以为你是真心待人，别人也会真心待你。你把你所有的善良和真心全给了他，结果他却以为你是傻瓜，利用你的善良来欺骗你。

时间久了，你就会知道，交往得看人，你的善良更是要分人。甚至，你的善良要有锋芒，这样你才能有效地保护好自己。

杨霞有一个闺密，每次遇到难题了，就会打电话找杨霞帮忙。因为和闺密有缘，再加上杨霞觉得闺密是对自己很真诚的好朋友，所以每次只要闺密向自己开口，无论什么忙，杨霞都会竭尽全力给予帮助。

有时候，杨霞正在上班，闺密一个电话打来："霞，你在干吗？我需要你帮忙，快借我 5 万，我找到一个好的投资项目，手里只有 5 万，你借我 5 万我就可以投资了。"

杨霞接完电话，向领导请了假。跑到银行取了钱，立即通过转账的方式给闺密转了过去。

每次只要闺密向自己求助，杨霞无论再忙，都会放下手里的事情，第一时间去帮闺密度过危机。

在她内心深处，她早已把闺密当成了自己最亲的人。

甚至有一次，她已经感冒很严重了，为了帮闺密找人，不顾病重，连续奔走几天，终于帮闺密找到了。

事成之后，闺密连一句谢谢也没有，杨霞也没有太在乎。

直到有一次，她从朋友那知道了闺密对自己的评价。

闺密对朋友说："杨霞这个人吧，就是善良好欺负，每次我叫她帮我做什么她都会答应，其实我才没有把她当朋友，只是觉得她好利用而已。"

杨霞听到这段话后，感到很伤心。当她想给闺密发微信时，才发现闺密早已把自己拉黑了，连电话也打不通。

自己视若珍宝的友情竟然变成了利用的关系，最后落得个被拉黑的结果，这让杨霞难过了很长一段时间。

人性是自私又复杂的，你以为你付出的是真情，别人收到这份真情，应该好好珍惜，结果却与你想的刚好相反，他不但没有珍惜，反而把你的付出当成是应该的，当成是可以利用的筹码。

善良是一种可贵的品质，没错，但如果只是一味善良，那就会被有心人利用。到最后，你受伤了才明白，原来一切都是自己想错了。

人际交往中，总有人会带着利益的心态去结交朋友。

你对他有用，他就会变化着花样，用各种方式去取得你的信任，然后利用你的善良去帮他做事。等时机成熟了，他就转身而去，没有把你之前的付出放在心上。

真心换真心是没有错的，但也得看人来。有些人不值得你对他好，那你就得收回自己的同情心，用不伤害自己也不伤害对方的方式去正常交往就可以了。

耿叶刚到单位上班的时候，为人很谦和，对谁都有礼貌。任何人只要有困难，他都会全力帮忙。

他以为只要自己对别人好，别人才能感受到他的善意，与他做朋友。可事实并不是这样的，开展工作的时候，同事们反而不配合他的工作，认为他是一个可以欺负的主儿。

耿叶在办公室负责数字统计工作，需要同事们每天在外执勤的数据情况报给他，他做好后再给领导检查。

同事们都知道他是个好说话的人，在工作方面都不配合他，总会找各种理由敷衍他。

耿叶觉得很委屈，他和主任抱怨自己执行力不强，工作很难开展下去。主任对他说："哪里是你执行力不强呀，是你太善良，太好说话，他们才不愿意配合你的，你只需要改变一下方式，问题就能解决了。"

有一天，主任需要耿叶做一份统计报告，耿叶必须要和同事老高对接，才能完成这份报告。

老高是一名老员工，在单位上了三十多年的班，平时对工作不积极，总是找各种理由去应付工作，领导也是看在眼里，但念及他是老员工，所以没有当面说穿。

耿叶给老高打电话："高哥你好，麻烦你把今天的数据给我吧，我需要做好统计后传给主任。"

老高接到电话后，回答说："是小叶呀。我今天没上班，你去找小李要数据吧！"没等耿叶说完话，他就把电话给挂断了。

耿叶再次拨打了一遍老高的电话，刚说完自己的名字时，"砰"

的一声电话被挂断了。

耿叶这下生气了，又打了过去。

“老高，你听着。不管你有没有上班，你是队长，数据你今天必须给我报，这是主任交给我的工作。如果你不配合的话，那我就和主任说你的责任了，还想不想要这份工作，你自己看着办。”

一口气说完后，耿叶觉得心里舒坦了许多。

没过几分钟，老高就回了电话。“小叶，我刚才和小李对接了下工作，现在我就把数据报给你……”

耿叶顺利地完成了当天的工作，让他感到奇怪的是，从此以后单位的同事再也没有敷衍过他，不管他有什么事，大家都会积极地配合他，之前欺负他的现象再也没有发生。

人际交往中，很多时候充满了危险。如果你一味善良天真，到最后你只会受到伤害。因为总有人，会用血的教训告诉你，不是每一个人都值得你对他那么好。

刚开始的时候，你与别人交往，别人只能通过你的外貌、谈吐对你做简单的评价，所以你们之间往往保持着客气、尊重、谦让的美好品质。

但随着交往的加深，你们之间因为太过熟悉，关系便会发生微妙的变化。如果你善良而又棱角，别人会觉得你不好欺负，那么自然会对你尊敬万分。

而如果你毫无底线地善良，就很容易被人认为是好欺负的对象，那么你就会被不怀好心的人拿来利用。他们没有良知，没有道德底线，只想从你身上榨取可得的利益。

时间久了，你会发现，你被他们卖了，你还还在傻傻地帮他们数钱。要想避免这样的情况出现，你要明白善良是可以的，但同时你的善良得有锋芒。

1. 世界上真有欺软怕硬这回事

社会是很现实的，你不是活在理想的世界里。要知道“弱肉强食，适者生存”的规则在人类世界也同样适用。如果你强大了，别人不会来惹你，而如果你是懦弱的，便会有一大帮人来看你笑话，欺负你。

2. 你的善良要给值得的人

善良是一种可贵的品质，你要把它珍贵地保存起来，在遇到需要的时候，你才值得拿出来。比如，遇到街上摔倒的老人，你可以去帮忙搀扶起来。遇到有需要帮助的小孩，你可以义无反顾地去帮助。

但如果是那些好吃懒做，总是希望不劳而获，不懂尊重人的对象来说，你就需要收好你的善良，不要浪费在他们的身上。

3. 有锋芒的人不会轻易被人欺负

生活中，你会发现善良的人总是会被人欺负。很多时候，他们明明有道理却闷在心里一句话也讲不出来，结果被一些蛮不讲理的人欺负得没了尊严，最后他们只能懦弱、无助地站在原地等着被救赎。

而那些有锋芒的人，却很少发生这样的情况。他们遇事时，知道为自己据理力争，用强硬、勇敢的方式为自己撑起一个保护伞，告诉别人，自己是不可欺负的。

4. 有些人永远只看重利益而不是你的善良

不要以为你对别人好了，别人也会对你好，至少会把你当朋友看。事实上，他们却并不这样想。

他们只是觉得你很善良，是个好心肠的人，有困难你都会无条件地帮忙。当你遇到困难，想要找他帮助时，他只会躲得远远的，因为他从一开始，都只想从你身上捞到好处，而没有想过把你当朋友，更不会在你需要帮助的时候站出来帮助你。

5. 别人的话随便听一听就好，别太当真

善良的人，容易把别人的话放在心上，却不知别人只是随便说说，甚至一直都只是在撒谎而已。

比如，他只是一句："我一直把你当最好的朋友，现在我需要一笔钱，你一定要帮我。"你就被他的"朋友"两个字打动了，没有仔细想想，就去为他四处借钱，帮他渡过难关。

你根本就没有想过，这样的话他可以和任何人说。最重要的是，你们之间的关系是可以通过时间来验证的，如果他真的把你当朋友，那平时对你怎样，你自己心里还没有数吗？

6. 该拒绝的时候一定要勇敢地说出来

不会拒绝别人，怕别人对自己产生误会，从而影响自己在他人心中印象。这是很多善良的人不会拒绝别人的原因。

其实，如果你的理由是正当合理的，你完全可以理直气壮地说出来。因为你只是个普通人，没必要去承担你承担不了的事情。做一个真实而勇敢的你，才是最美的你。

对敌人仁慈，就是对自己的残忍。该有脾气的时候，你就得有脾气。凡事得看人看事，具体分析。

你的善良没有错，而你适当的锋芒更是没有错。你只有把善良和锋芒结合起来，你才能在人际交往中走得更加顺畅自如。

二、醒醒吧，你要活在现实世界里

有句歌词是这样唱的：生活不止眼前的苟且，还有诗和远方的田野。大部分的人被现实生活中各种牵绊影响，被这句歌词深深打动。

可诗与远方的理想生活，并不是每个人都能够做到的。

于是，有的人会觉得，既然现实生活是复杂的，那就活在自己的精神世界好了。可事实上，我们每个人都离不开柴米油盐酱醋茶的生活。

不管我们的精神世界多么富有，我们都必须活在现实世界，接地气地活着。

柴浩是一个很神奇的人，26岁了没有去上班，整天宅在家里闭门不出。他有个外号，小仙。

朋友们一致认为他好像是从古代穿越到现代的人，身上充满了仙气，不食人间烟火般，与周围的人格格不入。

柴浩，他不喜欢唱歌，不喜欢和人聊天。没事的时候，就爱拿着书疯狂阅读。朋友们想接近他，都不知道该怎样和他走近。

有一次，朋友问他："为什么你不爱和身边的人亲近呢？"他回答说："和别人说话，实在是浪费我的时间。"

朋友又问："你总得与人交流，接触社会呀？难道你一辈子当个'佛系少年'，不与现实生活接轨吗？"

他笑了笑："我没想那么多，我只为自己而活。"

直到现在，柴浩也是活在自己的世界，没有想过要走出房门，接触外面的真实社会。

近年来，"佛系少年""佛系生活"，这一系列词语在网络中迅速传播开来。它原本形容那些在快节奏的都市生活中，追求平和、淡然生活方式的年轻人。后来，它渐渐地演变成喜欢自己独自待着，只关注自己兴趣爱好和生活节奏，不想在其他方面过度在意的人。

类似的，还有"佛系恋爱""佛系追星""佛系生活"等词语。

现实世界是彼此联系在一起的，无论你是什么人，从事什么样的职业，你都需要要和周围的人打交道。

人际特质理论代表人物、心理学家修茨，曾提出过这样的观点，他认为：我们每一个人都具有与别人建立人际关系的愿望和需要。

虽然很多时候，也许你不想与他人交往。但不管你怎么想，你不可能真正做到活在自己的理想乐园里面。如果你坚持那样做，说明你只是在逃避人生，自欺欺人而已。

陈珊是一名大二的学生，寒假期间，她在一家公司做暑假工。

这天早上，陈珊上班又迟到了。

经理看着气喘吁吁的她，生气地问道："你怎么回事，上班一周了，天天都迟到？"

陈珊回答说，自己的闹钟没有响铃，所以她又迟到了。

"你每天都有各种理由来狡辩，为什么其他人能准时上班，你就不能？你难道不能让你的同事给你打个电话，或者想想其他办法吗？”经理有些无奈地说。

“我没有同事的电话号码！”

“那你可以加呀。”

“我不想加，我为什么要加别人的号码？”

经理听了陈珊的回答后，懵了好一阵子。仔细回想，经理意识到陈珊这个员工有些奇怪，她进公司以来，总是独来独往，不和同事们交流，也不和他们一起吃饭。

工作上遇到任何问题，也不会主动问人，更不会寻求帮助。很多次，她在工作中出现了重大失误，给她指出来后，她也没有改正。

公司不需要陈珊这样我行我素的员工。经理经过慎重考虑，最终把陈珊提前解聘了。

在工作中，如果你不懂得与人打交道，工作就无法正常开展下去。如何与人交流说话，是我们每个人都应该会的基本技能，如果你不会，那你注定被淘汰。即使你满腹经纶，是个很有才华的人。

在生活中，你也需要与身边的人接触。懂得倾听别人的谈话，并且清晰地表达出自己的观点，你才能和他人积极互动，有效沟通。

没有人是座孤岛，我们是活在现实世界中，不是理想的桃花源。你要与周围的人愉快相处，你才能过好自己的人生。

1. 不要太封闭自己

自我封闭的人，常常躲在自己的世界，他们哀伤着自己的哀伤，快乐着自己的快乐，仿佛周围人的生活与他们毫无关系。

这种生活过久了，就会与社会脱轨，并且自我封闭，会让你失去很多人生的许多美妙，比如与人分享的快乐，与人一起游玩的快乐。

总是沉浸在自己的世界里，很难发现更多美好的事物，不妨打开自己的世界，接受外面的阳光，会让你感受到更多美好。

2. 学会敞开心扉与人交流

交流，能促进人与人之间的了解。许多内心孤独的人，之所以不和周围的人多交流，是因为他们不知道与人交流的美好。

当你鼓起勇气，敞开心扉说出你自己的观点和想法后，别人才有机会了解你，你也才能听到更多有意思的信息。

很多时候，别人也想和你交朋友。只是不知道该怎么开口而已，如果你能主动敞开心扉和人交流，说不定你和他早就成为聊得来的好友了。

3. 懂得关心生活点滴

现实生活虽然也有不美好的时候，但也有它值得你关注的理由。不要为了活在理想的世界，就拒绝关心现实生活。

你可以看看电视新闻，了解在你周围都发生了怎样的故事；你也可以去听听演唱会，感受现场音乐的气氛，看看粉丝和歌手互动。

当你懂得关心现实生活中的点滴后，你才会从这些点滴中找到快乐的意义。

4. 照顾好自己的现实生活

没有人愿意被生活束缚，谁都想活在快乐的田野里。可我们只有懂得脚踏实地，才能仰望辛苦。

也许朝九晚五的上下班，让你很厌倦。可如果不上班，你又不能保持稳定的生活，那你就必须要懂得取舍。

关心粮食和蔬菜，经营好自己的现实生活，你再去追求梦想生活，会好很多。

5. 梦想和现实生活并不矛盾

梦想，是一个人对未来的期待，它能给人指引方向，激励人好好生活。但现实生活，是我们每个人必须要面对的首要问题。

你必须要保证吃得饱，穿得暖的情况下，才能去追求梦想。这两者之间并不矛盾，你完全可以努力做好平衡。选择怎样生活，是我们每个人自己的自由。

生命对于我们每个人来说，都只有短暂的一次。你应该要好好思考，如何让自己的一生过得现实而又美好。

三、付出真心，不意味着能收获真情

我们都希望能获得别人的关心，所以我们总是不假思索就轻易就对别人付出真心。但现实生活中，社会复杂，有时候知人知面不知心。

很多时候，你以为你的真心能感动对方，殊不知对方却无动于衷，甚至装作对你很好，背后却在利用你。

面对复杂的人际关系，你还需要擦亮自己的眼睛，有提防心才好。

颜峰是一个很实在的孩子，学校放暑假。他应聘到一家公司实习，短短的一个月实习，让他收获了不少知识。

其中，让他感受最深刻的便是要学会保护自己，不可太轻信别人。

颜峰上班的第一天，激动又好奇。他告诉自己虽然只是实习一个月，也要迅速融入公司的工作氛围里。

同事们都夸他工作态度积极认真，是一个优秀的人。有个名叫傅权的同事工作两年了，他和颜峰的关系最好。

平时没事的时候，他喜欢和颜峰一起吃饭聊天。颜峰也觉得和傅权很投缘，有什么话也愿意和他讲。

后来实习结束离开的那天，颜峰才知道，傅权竟然背地里在其他同事面前添油加醋，讲他的各种坏话。

说他爸爸妈妈离婚，从小和爷爷奶奶长大，他是个很可怜的人。

颜峰听了很生气，他一直把傅权当成是好朋友，才和他讲了家里的事情。

但没想到，傅权却把他的话当成是可以炫耀的谈资，和别人乱讲一通。

通过这件事，颜峰明白了一个道理，在没有看清对方的时候，对人只说三分话，不可全抛一片心。

俗话说，人心隔肚皮。

你永远不知道，当着你的面说你好的人，心里在想些什么。背着你，他又会去做些事情。

你以为遇到投缘的人了，可以事无巨细，敞开心扉和他大谈一通，却没有想过，你这样的坦诚，是否会被对方接纳，他是否也以同样的坦诚来面对你？

要知道，逢人不必把话说满。在不了解对方的前提下，你应该懂得控制自己的嘴，不要什么话都和别人讲。

国庆放假，杨岚一个人背着包去广西旅游。在途中，她的遭遇，刷新了她的世界观，也让她明白了一个道理。

事情是这样的：

当时，杨岚在桂林山水的景区门口拍照，一个中年大姐走到她面前和她搭讪："妹妹，你是自己一个人来旅游，没报团吗？"

杨岚点了点头。大姐又问她："你是哪里人？"当听到杨岚的回答后，大姐大声惊呼："太巧了，我们是老乡呢！"

接下来，大姐加了她的微信，她们开心地聊了起来。她详细地给杨岚介绍了广西的各个旅游景点，并约好她们结伴旅行。

杨岚觉得大姐亲切热情，这让她感到很温暖。上厕所的时候，杨岚请大姐给她看一下包。

可等杨岚回来后，发现自己的包不见了，大姐把她的微信号也给拉黑了。杨岚的包里，有身份证、银行卡等信息，还有她刚取的2000元钱。

原来，大姐是一个骗子，接近她只是为了骗她的钱而已。杨岚还把她真的当成是老乡。

这让杨岚事后想来特别后悔，怪自己轻信别人，吃了亏。

“害人之心不可有，防人之心不可无”，面对突然接近我们的人，如果我们有基本的防范意识，那我们就不会轻易上当受骗。

你的真诚，应该对同样真诚的人才好。千万不要以为自己付出了一片真心，对方就会感激你的真心，会回馈你同样的真情。

与人交往，我们要擦亮自己的眼睛。不能因为别人对你套近乎，对你表达了热情，你就觉得他对你好，放下提防心理。

你要保护好自己。交浅言深，错付真心，是不成熟的人最爱犯的毛病。

你应该明白，对值得付出的人，去真心呵护，坦诚相待。对于不值得人，你大可以礼貌相待就好。

1. 不要逢人就诉苦

现实生活中，常常有这样的人。他们逢人就喜欢诉说自己的苦恼，好像说出来之后，自己的烦恼就会烟消云散了。

可是往往，他们的烦恼并没有被化解，反而还会给人留幼稚的印象。你都不了解对方是什么样的人，又怎么敢肯定对方一定能理解你话里的苦呢？

如果你真有难言的苦，一定要学会找懂你的人倾诉。

2. 掏心掏肺的话少说

说话得看人来，不要觉得因为聊得投机，便一股脑儿地把内心深处的话，都全部向对方倾吐出来。

遇到有修养的人，你的话没什么，如果遇到心有不轨的人，你这样掏心掏肺的话，很可能会被对方添油加醋地向别人散发。

到时候，受伤害的只能是你自己。

3. 真情是要彼此共同认可

有一种人，不管在什么场合，都会自来熟，觉得大家有缘见面就是朋友了，因此他们会对别人敞开心扉，知无不言。

他们以为这是真的感情，可事实并不是这样。社交场合中，彼此怀揣的目的不一样，你所谓的真情，很可能在对方看来一文不值。

不要觉得有了一面之缘，你们就是朋友了。真正的朋友，是要彼此认可，共同经营，在时间的见证下成就的，真情也是如此。

4. 不要对任何人都真诚

社会生活是现实的，坏人不会在自己的脸上写上“坏人”两个字。防人之心不可无，你的真诚一定要掌握有度。

对那些善良友好的人，你可以真诚；如果是那些虚伪狡猾，对你不利的人，如果你还真诚，那只会助长他们的气焰。

所以，你要学会保护好自己，不要轻易对任何人都真诚。

5. 不要总把真心的话挂在嘴边

真心的话，听了让人感动，但不必重复说个不停。如果你总对别人说:“我是真心为你好才对你说这么多的，你一定要理解。”你说的话，是不是真心，别人心里自然明白。你不用反复强调，说多了只会引起对方的反感。

我们与人说话，重要的是表达清楚自己的观点，至于对方听了是怎么想那是他的事情，你只需要做好自己，过好自己的生活就好。

生活是一面镜子，你哭它也哭，你笑它也笑。但人际交往不是一面镜子，不能说你对人付出了真心，就一定能收获真情!

要想拥有好的人际关系，你必须擦亮自己的眼睛，用心去经营。

四、收起你的玻璃心，勇敢面对批评

工作不顺利，人际关系太复杂，你觉得活着真痛苦，甚至感叹为什么受伤，倒霉的总是你自己。

生活其实很简单，你抱怨工作不好做，人际关系不好处，只是你内心还不够强大，不懂得如何调节你的玻璃心而已。

你有没有想过：既然别人都能好好地生活，怎么你就不能呢？

曹慧将稿子修改了五六次，结果领导看后还是不满意，严肃地批评了她几句，她回到办公室，一脸忧郁。

每个月工资就3000多，还天天被领导各种吼骂。她感到很委屈，拿起办公桌上的纸巾哭了起来。

同事小丽见状，忙走到她身边，关心地问她发生了什么事情。得知她是被领导说了几句才伤心后，小丽耐心地安慰起她来。

小丽拍了拍她肩膀，温柔地对她说："你别觉得自己小心脏受到了伤害，领导喜欢听话、能高质量完成任务的员工，只要你把工作做好了，自然会得到领导的喜欢。"

曹慧委屈地回道："可我看到领导愤怒的表情，就觉得很生气，凭什么要被她吼呢？我又不是来受气的！"

见她还为被领导批评的事想不开，小丽无奈地感叹了一下："作为员工的我们，谁没有被领导责备过呢？领导对你严格要求，是希望你能得到进步呀！"

曹慧认真想了想，觉得小丽说得很对，她停止了哭泣，重新打开电脑认真修改起稿子来。

网络上曾经流行着这样一句话："职场不相信眼泪，要哭回家哭去。"刚走入工作岗位的年轻人，心高气傲，受不了别人的责备。

只要一听到别人对自己说批评的话，他们就会觉得对方是在针对自己，对自己有意见。他们情感脆弱，受不了一点打击。

常常觉得自己倒霉，总是受到别人的伤害，殊不知，那只是他们内心不强大而已。如果一个人能够勇敢地调整好自己，养成一颗强大的内心，他的生活也会变得多姿多彩。

内心强大的人，别人的话无论再怎么刺耳，他们都会笑着面对。

因为她们知道，所谓的受伤，都只是磨炼他们成长而已。

孙怡在一家公司担任公司经理，别看她现在做事成熟老练、井井有条、一丝不紊的样子，两年前的她其实是个"菜鸟"。那是刚到公司的时候，她总是犯错不断，不知被领导批评了多少回。

有一次，她因为会议资料准备不充分，被领导当着所有员工的面批评。

领导指着她的脸，大吼："如果你干不好这份工作，明天就不用来上班了！"孙怡回家后哭了一天，她本来打算不到公司上班的。

可倔强的她觉得有些不服，为什么领导只是批评了几句，她就要选择退缩，而不是用实际行动证明给领导看，她是可以做好这份工作的。

第二天，孙怡准时到了办公室。她重新梳理自己的工作细节，将所有工作的重难点认真研究一遍。

终于做好了自己当天该做的工作，后来的每一次工作她都认真按领导的标准，高质量地完成了。

她这才发现，严格的领导并不是为了故意挑刺才批评员工，只是希望员工们能做好本职工罢了。

明白了这点后，孙怡努力工作，以严谨认真的工作态度，漂亮地完成了许多项工作。

她的工作能力渐渐被领导认可，最终当上了公司的经理。

感谢生命中对你严格要求的人，不要觉得他们说话过分，是在伤害你。他们只是想用这样的方式，让你记住你犯下的错误，好引起你的注意而已。

心理学家们认为，情感强化和人际交往之间存在着一定的关系，美国社会心理学家克洛拉等人认为，评价任何事物是基于其所引起的肯定或否定、满意或不满意的情感评价，以及由此激发的对交往者喜欢和厌恶的程度。

事实证明，一个人愿意批评你，往往是因为对你有某方面的感情。

勇敢地面对他们的批评，用实际行动去证明自己，改变他们对你的看法，你自然能重新赢得他们的尊重。

如果有人只是说了一句话，你就感到受不了，那遇到更严重的实际问题，你又该如何去面对呢？

1. 自尊心不要太强

世上没有十全十美的人，你再优秀也会有不足的地方，有人肯真诚地指出你的缺点，你应该感到高兴才是。

不要觉得他在针对你，说话伤你。他如果不希望你好，为什么要花时间去指出你身上的问题？你不用去思考该怎么回击他们，只需好好反省自己，将自己变得更加优秀就好。

2. 不要总为自己辩解

生活中，有这样的人。他们喜欢为自己辩解，不管别人说得是对是错，他们会第一时间跳出来，找各种说辞为自己辩解，希望能改变对方对自己的看法。

其实，这没必要。对方的言论不一定就真实可靠，对与错没必要去辩解。你说得越多，只会让人觉得你敏感爱计较。

与其去为自己辩解，你还不如选择一笑而过，用实际行动告诉对方，你和他说得完全不一样。

3. 坦诚面对他人的批评

批评的话，很有可能会让你听了一时难以接受。但你要明白“良药苦口利于病，忠言逆耳利于行”。批评的话，如果对你有帮助，你要感到幸运。

不要因为他的话刺耳，就觉得生气难过，坦诚地接受他的批评，将自己变得更优秀，等你变得更加优秀了，你会感激他当初对你说的那番话。

4. 学会自我反省

有时候，你觉得自己明明没有错，还被人无端指责，心里怒火中烧，感到非常委屈。有些委屈，不是你说了就能解释清楚，你可以试着反省自己，是不是自己还有什么地方没有做好。

如果你认为自己没有错，错的是对方，那你也不要冲动，告诉自己，冷静下来，没有什么是时间不能化解的。

不抱怨，好好活着。时间久了，你所有的委屈都会迎刃而解。

5. 理智面对他人的话

一件事情，角度不同，得出的结论也会不同。对于每件事情，每个人会有自己独特的见解，是对是错，怎样取舍，取决于你自己怎么想。当你面对他人的批评，要学会冷静倾听，听完之后，你再认真思考。接受他话里正确的观点，坚持该坚持的，改变该改变的。理智面对他人的话，你会发现自己将变得更加从容而淡定。

敏感脆弱的人，受不了打击。这在生活或者职场中，都会吃亏，要想做一个大气优雅、让人喜欢的人，你就要下定决心收起你的玻璃心，朝着自己的目标，坚强勇敢地活着。

五、别傻了，交浅言深只会害你不轻

遇到熟悉的人，我们会说话毫无顾忌，想到什么就说什么，这无可厚非。然而，生活中却有着这样的人，他们遇到陌生人，对方只是出于礼貌简单地寒暄，他们却开始敞开心扉，知无不言，将自己的所有的话一股脑儿地全说出来，全然不顾对方想不想听。

人际交往中，最忌讳交浅言深。你以为你是真诚交友，别人却只会觉得你幼稚可笑。

孙梅本来在一家公司上班，收入很高，她自己也很喜欢这份工作。可突然间她就从公司辞职离开了，这让朋友们觉得很奇怪。

原来，这和她喜欢交浅言深的性格有很大关系。

上个月，公司来了个新同事。孙梅觉得自己和新同事很有缘分。她有什么话都会和新同事说，新同事遇到了烦恼也会找她倾诉。有一次，新同事找她诉苦，说自己适应不了公司复杂的人际关系。

孙梅便一五一十地说了公司里每个人的故事，还把他们的隐私全部说了出来。第二天，孙梅便觉得公司里的人看她的眼光都不一样了。

渐渐地，她才发现自己被同事们孤立了。她后来才知道，这一切都和新同事有关，是她把自己对她说的话，添油加醋地给同事们讲，才引起了同事们的误会。

明白事情的原委后，孙梅后悔不已。倍感无奈的她，最后只好选择辞职离开了公司，重新找了份新的工作。

人际交往中，许多人为了化解初次见面的尴尬，往往会在不了解对方的情况下就知无不言地说个没完。

然而，言多必失。如果你遇到嘴巴严谨的人，还好，遇到心怀不轨的人，别有用心地利用你的话大做文章，苦的只会是你自己。

即使你是个喜欢与人交流的人，在说话前也要三思。不要因为交浅言深，给自己添不必要的麻烦。

马博一个人在火车站等车，无聊的他在候车厅来来去去走了几回，最后选了个座位坐下来。

这时，一个中年大叔走过来和他打起了招呼。大叔对他说:“你好，你要坐的那趟车也还没来吗？”

马博回答道:“是啊！我都等了一个小时了，真是无聊！”大叔回答说:“等车要有耐心，早晚会来的。”

大叔的话一说完，马博像遇到了知音般，开始和大叔聊起了天。他天南地北说了一大通:他是学什么专业的，家里有几口人等等内容。

刚开始，大叔还会礼貌地回应几句。渐渐地，无论他说什么，大叔都只是低着头看着他的手机，不做任何的回应。

但马博并不在意，他觉得只要有人听他说话就行。后来，大叔找了个理由离开了。

马博打开手机才发现，自己要乘坐的那趟火车在30分钟以前就出发了。他只顾和大叔聊天，无意中却错过了自己的火车。

他只好沮丧地去购票窗口，重新买了张车票。

每个人都有自己的生活、工作、目标，如果你和别人没有共同的经历，初次见面你就和对方侃侃而谈，对方很难和你聊到一起去。

心理学家们经过研究发现，让我们烦恼的，往往不是冷漠，而是热情过了度，缺少了应有的边界。

良好的朋友关系，不是交浅言深，而是好言有度。

交浅言深，只会让你自我感觉良好，至于对方是什么感受，你可能没有去关注。如果你们有共同的兴趣，彼此谈话能说到一起去，那你们还可以深聊，但如果你们是初次见面，对彼此都不了解，说太多的话只会让你们的关系变得更加尴尬。真正的友情，是相互熟悉后，即使不说话，保持沉默也很好。

如果你想有好的人际关系，你应该改掉交浅言深这个坏习惯。

1. 交浅言深会让人抗拒

人际交往中，存在着心理距离。你热情地和对方说话，不意味着对方能接受你的热情，把你当朋友来看待。相反，他们会觉得你这样的行为很突兀，他跟你并不是很熟，不知道该怎样和你交流。你也不了解对方，滔滔不绝地说话，只会让对方产生抗拒心理。

你如果是想让对方对你有好感，你完全可以精心准备自己的谈话，与对方有节奏、有共鸣地缓慢交谈。

2. 交浅言深是情商低的表现

情商高的人，在与人说话的时候，会照顾到别人的感受。他们绝不会逢人就说个没完，他们懂得交朋友不能操之过急。

交情不深，你说再多，对方也有不听下去的理由。你们的生活没有相同的话题时，你很难迅速与对方打成一片。

这时候，对方只会觉得你莫名其妙，对你表示无语。

3. 不要向他人轻易说隐私

遇到不熟悉的人，你说话一定要注意，千万不要一开口，就说自己的个人隐私。

如果你见了一个人，就对他说自己的家庭情况，收入情况。

也许你会抱着这样的观点，觉得向对方说了隐私，可以迅速拉近与对方的距离，让他对你产生好感。可结果恰恰相反，对方只会觉得你这人藏不住话，什么话都愿意和别人讲，对你产生不好的印象。同时，你的隐私是你自己的事情，和别人毫无关系。

你说了，别人也不知道该如何回答你。因此，多说无益。

4. 说话得看人来

跟什么样的人相处，就应该说什么样的话，这样你才能避免出现交浅言深的尴尬情况。古代著名教育家孔子曾说过这样的话："不得其人而言，谓之失言。"

当你了解了对方的性格特点，知道他的为人后，再去和他说话，你才能达到自己的目的。

千万不要不看对象，想说什么话便不假思索地说出来，这只会让你适得其反。

5. 丰富自己的交流话题

有些人，之所以会交浅言深。是因为他们积累的话题有限，不知道该怎样说话，才能让别人主动开口。因此，在与他人说话的时候，他们为了打破尴尬，就开始大说特说自己的故事，结果在不知不觉中说了许多不该说的话。

有效的沟通是双向的，不是你一个人的独角戏。当你说的话能够调动别人想说话的欲望，让对方积极开口，你们之间便能进行愉快的聊天。

人际关系虽然复杂，但并是不能处理好。

你如果想要保护好自己，经营好自己的人际关系，你可以试着先从改变交浅言深这个坏毛病开始，为改善自己的人际关系打下基础。

六、你有才华，不代表你可以目中无人

有才华的人，无论走到哪里都会是一道亮丽的风景线。但是我们发现，在现实生活中个，那些有才华的人，总是喜欢独来独往，给人一种孤傲的感觉。甚至有些人会仗着自己有才华，就目中无人，让人敬而远之。

但才华只是一个人的加分项，我们最重要的还是要知道怎么做人。

如果你仗着自己有才华，就骄傲自满，目中无人，你的人际交往圈也会遇到危机。

邹云在一家公司上班，他写得一手好书法，大家都说他很有才华。可他是个骄傲的人，平时对身边的人爱答不理，说话大大咧咧，喜欢胡乱批评别人。

刚开始，同事们觉得他有才华，应该多让着他，没有多在意。可时间久了，同事们渐渐对他产生厌烦心理。

有一次，小王找邹云帮忙，请他帮忙给自己的名字设计签名。邹云直接拒绝了他，还对他说："人丑就要多读书写字，怎么要别人来帮你设计签名呢？"

小王生气地回他："你要帮就帮，不帮就算了！为什么要说伤人的话？"同事们也觉得邹云说得太过分。

平时的工作中，邹云也总是粗心，常常犯错。领导指出他的错

误后，他不仅不改，还说："难道每个人都不会犯错吗？只是一个小错误而已，何必这么斤斤计较？"

有一次，领导安排他写一份报告，他突然对领导大吼："这报告太复杂，你叫别人来写吧，我可写不了。"

说完后，摔门而去。

同事们一致觉得邹云这人太自我，很难正常沟通交流。领导经过慎重思考，最终解除了邹云的聘用合同。

临走前，邹云还对着所有人说："我这条大鱼可不能留在公司这条小河里！"他的话，让同事们集体无语。但他的离开，同事们都拍手庆祝。

有才华，本来是一件好事。

它能让你在人际交往中，有更闪光的地方。但是如果你仗着自己才华横溢，不懂得尊重别人，不懂得与人为善，即使你再优秀，再有才华，也不会被人喜欢。

和才华比起来，人们更喜欢和真诚、善良、会说话的人做朋友。

如果你有才华的同时，能够谦虚低调，保持良好的修养，做一个德才兼备的人，那你在人际交往中一定会很受欢迎。

汤伟代表单位参加全市的演讲比赛，最终获得了一等奖。公司的同事们为他感到高兴不已，大家都说他获得一等奖是实至名归。

汤伟，是单位公认的才子。不仅诗词歌赋样样精通，还出版了几本自己的书籍，是一个小有名气的作家。

最让人吃惊的是，汤伟这人不但有才，还很谦虚，与任何人讲话都亲切有礼貌。大家都很喜欢与他聊天，只要有不懂的问题，都会第一个找他请教，而他也会毫无保留地给予帮助。

单位里的小杨喜欢写诗，有一次，小杨找到汤伟请他帮忙看看。汤伟接过小杨的稿子，仔细看了几遍，在上面修改了起来。

汤伟对他说："诗歌是个人内心世界的表达，每个人对它都有自己独特的理解。我不能说是修改，只能是分享自己的意见，给你参考一下，有不当的地方，还请你多包涵！谢谢！"

小杨看了汤伟对自己稿子修改的地方，发现修改后语句读起来顺畅了许多，他真诚地向汤伟表达了感谢。

像这样的事情还有很多，单位所有人在和汤伟相处的过程中，都会被他平易近人，不以自己才华过人的谦虚态度所折服。

汤伟在单位能有好人缘，和他为人谦和，不恃才傲物有很大的关系。

才华是指在某一领域具备超长能力的人，他们通常思维活跃，在自己擅长的领域内有过人的本领。

但现实世界，是需要与人交往，与人沟通的世界。你再有才华，如果你不懂与他人如何正常交往，你的生活又怎么会一切顺利呢？

才华是上天给我们的礼物，我们不能自我骄傲，而应该好好利用这份才华，为自己创造更好的人生。

1. 懂得欣赏他人的优点

每个人都是独一无二的，你有你的优点，别人自然也会有他的优点。当你放下偏见，懂得与身边的人友好相处后，你会发现他们身上有许多值得让你学习的东西。

世上没有完美无缺的人，你再优秀都还有不足之处。学会欣赏别人，发现对方的闪光点，向他学习，你才能变成更好的自己。

2. 学会聆听别人的意见

我们身上的缺点，我们自己不一定能发现。当朋友坦诚地向你提出来后，你应该感激他，他是为了你能改正缺点，变得更加优秀。另外，遇到别人给你的意见后，不管他说的对与错，你都应该认真倾听，认真反省，把那些对你有帮助的话牢牢记住。

3. 不要有清高心态

有才华的人，常常会觉得现实世界和理想的世界有着很大差别。他们因为不能接受现实环境，对周围的人和事不予过多理睬，抱着不屑的态度。

这其实是一种清高的心态，会让你不能与周围人打成一片，人际关系不友善，最后给自己带来各种各样的麻烦。你再优秀，也需要和现实生活世界接轨，而不是格格不入，只活在自己的世界。

4. 与人说话要谦虚低调

人与人之间，良好的沟通起着很大的作用。你不会与人沟通，你的工作、生活便会走入尴尬棘手的状态。

个别有才华的人，在与人说话的时候，常常特别高调，他们说话狂妄，给人“老子天下第一”的不良印象。这种做法很容易遭人反感，对人际交往不利。如果他们懂得谦虚低调，那他们的人际关系将会得到很大的改变。

5. 做一个有才华又让人喜欢的人

一个人是否能让周围的人喜欢，可以看出他的人际关系是否良好。有才华和有良好的人际关系，两者间并不矛盾。你完全可以做一个有才华又让人喜欢的人，只要你在与人接触的时候，真诚地与人交往，让人感觉到你好接触，和你交流很愉快。那时间久了，别人自然会喜欢你。

知识要和实际生活接轨，才能发挥它的意义。如果你有才华，却得不到别人的喜欢，那你的满腔才华，只能自我欣赏，又有什么意义呢？

有才华，是难得的财富，你应该将它发挥出来，同时经营好自己的人际关系，这样你的生活才会过得更加开心如意。

七、告别浮躁，你才能迎来成功

好的心态，能够让我们有好的心情。面对竞争日益残酷的社会，拥有好的心态更能够让我们平静地经营日常的生活。

有时候，你觉得自己的生活过得不开心，不是你所处的环境不够好，人际关系太复杂，而是你的心态浮躁，不会调节，不懂得如何与周围的人友好相处。

谢双和朋友在咖啡厅闲聊，他和朋友抱怨，说他在新公司工作不顺利，准备辞职。朋友关心地问他发生了什么事情。

谢双说，单位的同事不好相处，他到公司上班两周了，也没有一个人和他说话，领导也总是摆出一张阴沉的脸，这让谢双感到很压抑。

朋友问他："那怎么其他同事都能正常上班，会不会是你没有融入大家的工作氛围里面呢？"

谢双想了想，回答道："其实，我上班还是挺认真的，领导也当着同事们的面夸奖过我。"

朋友听了他的话，问道："会不会单位的工作节奏比较忙，大家都习惯了紧张的工作？"

谢双说："也不是，平时吃饭的时候，相互认识的同事也会在一起聊天，可能我从来不主动，大家也不认识我，所以我就是落单的那一个吧！"

“既然你都知道了问题的原因，为什么不试着去改变呢？”谢双认真想了想朋友的话，觉得他说得很有道理。

后来，谢双找到机会，主动和同事们接触了起来。他这才发现，同事们其实平易近人，很好相处，并没有他想象中那么不好相处。

刚到一个环境的时候，我们每个人都会因为陌生，感到无法适应，产生担忧的心理。但只要你肯积极努力，融入环境中去，你会发现你的担忧完全没有必要。

不要总是抱怨自己运气不好，遇人不淑。世界是一面镜子，它可以照出我们的内心。如果你对着镜子笑，镜子也会对你笑。

人际交往中，不管遇到什么处境，我们一定要摆脱浮躁心态的影响，学会用平和的心态积极面对，努力改变，为自己化解难题。

孙慧被调到了新单位，刚开始她还充满了新鲜感，想在新单位好好工作，努力表现。

可是上班两个月，她发现自己完全不适应新单位。

每天她很早就到办公室了，离开的也比较晚，工作中领导安排的任务她也积极完成，但领导和同事们对她的评价都不高。领导常常把她叫到办公室，说她写得方案错别字太多，内容也表达不清晰。同事们说她看起来高冷，不好相处。

这让孙慧觉得很郁闷，她和领导抱怨：“我明明是认真写方案的，和同事们相处的时候也真诚友好，为什么你们对我都不满意？”

领导平静地看着她：“你没有发现你心浮气躁吗？”孙慧这才反应过来，自己上班以来，确实静不下心来，有些浮躁。

每次和领导说话的时候，不管领导的话是对还是错，她想也不想，便立即反驳回去；同事们和她说话，语气稍有不对的地方，她便用尖酸刻薄的话回过去。

孙慧知道，她很喜欢之前的工作，可无故被调到下级单位，她的心情很久没有恢复过来。

虽然她自己觉得在新单位表现很好，但事实却不如她所说的那样。要想适应新单位，她得调整好心态，尽早让自己内心平静下来。

什么是浮躁？

所谓的浮躁，就是心浮气躁，内心不安不宁的意思。它是成功、幸福和快乐最大的敌人，会让我们处于茫然不安，无法宁静的状态里。

浮躁的人，做事没有恒心，总是匆匆做完，敷衍了事。在与身边人交流的时候，也会急躁不安，不能愉快地交流。

人际交往中，浮躁是大忌，它会给你带来许多麻烦。

当你带着浮躁的心态去与人相处时，你只会将简单的事情复杂化，不能正常地将事情处理好。

但如果你能以一颗平和的心态去与人交往，你会发现，自己的心情不会变得压抑，甚至会很愉悦，做起事情来也会事半功倍，顺心如意。

因此，要想拥有好生活，你必须学会告别浮躁心态。

1. 不要与人攀比

俗话说，“人比人，气死人”。每个都有自己的长处和短处，如果你拿自己的短处去与别人的长处相比，你自然会感到很受打击。

很多时候，你在仰望别人的幸福，却不知别人也在仰望着你的幸福。生活不是活给别人看的，只要你自己过得好，就不用在乎其他。

不要和人比，你只需活好自己，做更好的自己就好。

2. 要学会脚踏实地

有些人，总是眉毛胡子一把抓，什么都想要，什么都想争取。结果因为目标不专一，努力不够，什么事情也没做好。

其实，有追求是好的，但凡事都应量力而行，你只有务实求真，脚踏实地，才更容易实现自己的梦想。

好高骛远，不肯脚踏实地，只会让你在过高的要求下，患得患失，不能过上安静平稳的生活。

3. 遇事不要钻牛角尖

我们每个人遇事时，都要学会冷静思考问题，给自己塑造一颗平和的心态，不能揪住某一个问题紧抓不放，否则一个简单的问题都将会困扰着你，让你过得不开心。

想不通的问题，可以暂时别想。试着给自己放个假，修养好身心后再来想这个问题。实在想不明白，那就放弃去想。

世界上，除了生死，一切都是小事，你要懂得为自己开解。

4. 养成阅读诗歌的习惯

一首精美的诗歌，会让人心情愉悦，可以帮助你从枯燥的现实生活中解放出来。当你遇到烦恼的事情了，你可以试着去书店阅读一本诗歌。当你懂得诗歌语言文字的魅力，体会诗人们笔下生动美丽的人生，你的烦恼困惑将会瞬间烟消云散。

5. 列出你的幸福清单

在你感到浮躁的时候，你可以拿一个笔记本，记录下你人生中让你感到开心美好的事情，比如第一次看演唱会、第一次和朋友看日出、第一次上台表演节目……

每个人都有值得回味的幸福瞬间，这些幸福的事情，会让你的心瞬间冷静下来，重新回到当初的幸福时刻。

从现在起，试着列出你的幸福清单，当你再一次捧起它时，迎接你的定是美好愉快的心情。

从某种意义上讲，浮躁不仅是我们人生最大的敌人，而且还是各种心理疾病的根源，它会影响我们正常的生活和工作。

告别浮躁，你的人生，才会迎来新的成功。

第 二 章

做交际高手，从修炼自己做起

一、吃亏是福，不要害怕吃亏

人际交往中，有些人从来不害怕自己会吃亏，他们待人宽容有礼，处事大方得体，让人折服于他们的人格魅力。

而有些人则抱着这样一种观点，他们凡事都为自己考虑，生怕自己吃一点儿亏，但凡觉得会让自己吃亏的事情，都一定尽量避免。结果不懂得让步和不愿吃亏的心态，让他们在人际交往中处处受限，生活过得很不愉快。

你知道吗？懂得吃亏，有时候并不会真正吃亏，反而是一种福气。拿人际关系来说，有时候适当地吃亏，不但不会让你的人际关系变坏，反而会让你的人际关系变得更好。

张航和肖寻毕业于同一所名牌大学，他们一起进入了同一家公司，两人的专业知识都很出色。

可两年后，张航被公司重用，升为董事长的秘书了，而肖寻却还是在干着普通员工的工作。

倍感失落的肖寻，找到公司经理，提出了辞职。他抱怨说，自己明明有努力工作，但在公司却看不到自己的前途，他只有换份新的工作，另谋出路。

经理用沉重的眼神看着他：“你和张航同时入职，为什么两年后张航能当秘书，而你还只是普通员工，你想听真话吗？”

肖寻点点头，经理告诉了他实话。本来公司在招聘他们两人时，对他们都抱有同样的期待。

但事实证明，肖寻没有踏实工作的精神。每次公司有重大活动，需要全体员工一起参加的时候，肖寻都会找借口请假，说自己到不了现场。

刚开始，领导还选择了相信他。可后来才发现，肖寻他实际上只是不想参加活动，嫌辛苦而已。

肖寻有次和同事谈话，他说："我明明是个名牌大学生，应该要在办公室做方案，做一些能体现我价值的工作，为什么要去参加公司的什么活动呢？对我来说，那不是太吃亏了吗？"

刚好他的这番抱怨被路过的领导听到，对他有了不好的印象。而张航，不管公司有任何工作安排，他都任劳任怨，服从安排，从不抱怨，更不会觉得自己大材小用，吃了亏。

两年的时间里，张航的各项工作能力得到了很大的提升，很快就成为董事长的助理。

肖寻害怕吃亏，对工作挑三拣四，两年了工作能力没有提升，还停留在原地。

听完经理的话，肖寻明白了，自己不被重视的原因，是因为自己怕吃亏，一直躲避责任造成的。

职场中，对领导工作上的安排要大方接受。不要觉得工作超出了你的预期，对你来说是一种吃亏。

领导是想锻炼你，提高你的能力，才让你去挑战各项工作。如果你能从这些工作中脱颖而出，那你的能力就会被领导发现，你也会多了很多新的机会。

学会把目光放远，正确面对挑战和机遇，不把它们当成是吃亏，你才能涅槃重生。

周勇在朋友们的眼中是一个不计较、肯吃亏的人，但他就是凭着这份肯吃亏的特点，获得了朋友们的喜爱。

每次他和朋友出去聚餐，他都会抢先去埋单。有人问他："你难道不觉得为朋友们付钱，是很吃亏的一件事情吗？"

他不以为然地回答："没有啊，我能为朋友埋单，说明我有用，这应该感到高兴才是呀！"

有时候，朋友落难了，需要找他借钱，他二话不说，直接就把钱给对方了，后来他借了很多钱出去，却从来没有主动找朋友还钱。

借出去的钱，收不回来，一般人遇到这样的事情都会感到难过。

有人问他会不会后悔，他眨了眨眼："不会啊，只要能帮他们渡过难关就好，钱财是身外物，和朋友的情谊比起来并没有那么重要。"

"那你岂不是太吃亏了？"周勇回答说："我从来没这么觉得，钱没有了再挣就好，可朋友没有了，那就再也无法挽回了。"

在周勇看来，他就没有吃亏过，反而得到了许多好运。

因为每次不管他遇到多大的困难，都能在朋友们的帮助下，逢凶化吉，平安度险。

俗话说，吃亏是福。肯吃亏的人，总有厚报的时候。他们虽然从目前来看，吃了一点儿小亏，但从长远的角度看，却为自己赢得了好运。

相反，那些不愿意吃亏的人，因为过于计较眼前的蝇头小利，反而失去了更好的机会。

做人不怕吃亏，做事不怕吃亏，你的人生格局才会变得与众不同，焕发色彩。

要如何才能做到不怕吃亏？

1. 有一颗宽阔的胸怀

宰相肚里能撑船，胸怀大气的人不会因为一点小事就生气。他们懂得吃亏是福，即使是再大的事情，对他们来说都会是一件小事。

人生没有过不去的坎，为何要对小事揪着不放，耿耿于怀呢？遇到事情了，学会包容宽容的态度，多站在对方的角度去想一想。

忍一时风平浪静，退一步海阔天空。有一颗宽阔的胸怀，大气不计较，任何人都会喜欢。

2. 学会看淡得失

很多时候，吃亏是福运的开始。我们的得失心不要太重，虽然你表面上吃了亏，但没准啥时候就从其他地方赢回来了。

友善地和别人相处，失去什么并不重要。只要你积极做好了自己，让人知道你这人很不错，那么你们之间的缘分不会被一两件小事所影响。

人世间的许多事情不能说清楚，福祸相依，好运常常就藏在那些不起眼的小事中。

3. 凡事从好的方面想

心态好的人，常常会以乐观的态度去看待周围的一切事情，他们不会怨天尤人，用一些小事来影响自己的好心情。

当你学会凡事都从好的方面去想的话，你就不会觉得吃亏这件事有多么的严重。做一个简单快乐的人，你不仅会赢得一份好心情，你更能在复杂的人际关系中获得更多人的喜欢。

因为乐观开朗的人，自带良好的人格魅力，让人不由自主地想要靠拢。

4. 不要有太强的功利心

我们每个人都想过上自己想要的生活，在面对名利，面对是非的时候，很难说不心动。但不要忘记，除了名利是非，生活中还有许多有意义的事情值得我们去追求。

你没有必要为了一时的荣耀去计较，试着告诉自己，机会还有很多，是属于你的，就一定会属于你。

不要被眼前的名利冲昏了头脑，无论遭遇了什么，不轻言放弃，你的未来还掌握在你的手里。

5. 有奉献精神

真正能做大事的人，他们都有奉献精神。在这个世界上，决定一个人能否成功的并不只有能力，还有他的格局。

当你心里装有别人，懂得为他人服务，有自我牺牲的奉献精神，那你就不会计较当下是否吃亏，因为迟早有一天，你会收获到更多的回报。

相比只会索取的人，爱奉献的人更能让人看到他们的伟大。他们心甘情愿吃亏，但往往他们也会收获更多。

福往者福来。肯吃亏是一种睿智，更是一种精神。在人际交往中，你能吃亏，你就为自己的人缘建立了好的机会。

机会来了，你还怕自己的人缘不会好吗？

二、处事圆滑，你才能万事通达

人生在世，每个人都会遇到困难。这时候，我们很希望能够得到别人的理解，让我们感受到人世间的美好。

处事圆滑的人，无论在职场中，还是在生活中，往往身边有许多人喜欢。与圆滑的人相处，你会觉得他们特别能够理解你，认识他们是你最美好的缘分。

处事圆滑的人，是什么样的？你可能会觉得是人们口中所说的“见人说人话，见鬼说鬼话”的“老油条”。其实，这是对他们的误解。

圆滑，也可以是情商高，会说话，懂交际。想要在人际交往中周旋得当，做事顺风顺水，你就必须要明白圆滑做人的道理。

李凤是一家公司的主管，她为人高傲，很难与员工处好关系，已经被员工投诉过多次了。经理慎重思考后，还是决定把她辞掉。

原来，在她当主管期间，得罪了太多人。

有一次，员工小霞在上班的时候，突然接到家里打来的电话，80岁的母亲心脏病发作，正在医院急诊。

小霞知道这个消息后，赶紧跟经理请了假，同时也把请假信息发给了主管李凤。没想到第二天上班开早会时，小霞却被李凤训斥了一通："你昨天为什么早退，你请假我同意了吗？你旷工一天！"小霞一听就火了，"我妈生病住院，我已经跟经理请假了。凭什么算我旷工？"

主管怼了她一句："现在我是公司的主管，你们请假的事情我说了算。有意见，等你当了主管再来改吧！"

她一说完这话，同事们便议论起来了："有什么了不起的，还这么不近人情，'灭绝师太'当上瘾了吧？难道你妈生病住院了，你会不去看？"

小霞一气之下，跑到经理办公室投诉了主管。经理对主管批评教育了几句，让她做事要变通一下，谁都有难处，多理解理解。

结果没到一周，类似的事情又发生了。有员工迟到了一分钟，李凤就罚员工去卫生间扫厕所；有员工销量没完成，她就各种人身攻击。

同事们受不了她的做法，联名写开除主管的建议书送到经理办公室，说她做事太绝，不会为人处世，不配当他们的主管，如果公司不开除，所有人自动辞职。

经理眼看事情已经闹得不可收拾的地步，只好把李凤给开除了。

人和人相处，需要的就是相互体谅，相互帮助。当你有困难了，别人也才愿意真心地帮助你。

如果你非得凡事都较真，不知道灵活处理，给人一种咄咄逼人，不可商量的感觉，那么时间久了，谁还会愿意靠近你。

圆滑世故，不是说你要放弃原则，违背自己的秉性去说话做事。相反，圆滑是一种变通。你可以在不违背规则的前提下，灵活地处事。

比如朋友找你“开后门”，替他办事。你不一定要严词拒绝，你可以对朋友晓之以理、动之以情地讲清楚其中的利害关系。再想办法，看能不能用更加正确合理的方式去帮助朋友。

方法都是人想出来的，而人情关系也是要彼此用心建立的。不能因为你说话较真，用不圆滑的方式得罪了朋友，让一段好的关系变成老死不相往来。

要知道，与人方便就是与己方便。

老陈最近身体不好，医院建议他住院观察治疗。就在他准备掏钱的时候，想起朋友老杨患有糖尿病多年，刚好他办了特殊医保，每年他都会去医院做常规检查。

进医院的时候，交三千多元的押金，出院后，本来要花一万多元钱，通过特殊医保的报销，能省下来一笔钱。

老陈觉得自己和老杨是从小一起长大的铁哥们儿，自己开口向他借医保卡来住院的话，应该是很容易。

略加思考后，老陈拨通了老杨的电话。

“老杨吗？老哥我现在身体不好，需要赶紧住院治疗。记得你说过用特殊医保看病，可以省去很多钱。你的医保卡能不能借我用一下呀！用完之后，我就立马还你。”

老哥们给自己打电话，要借医保卡去刷。

老陈没有被这件事吓到，他冷静地回答：“老杨，你身体怎么了？我来看你。你在哪儿？医保卡的事情，不是我不愿借给你，是国家法律规定了，任何人不能盗刷别人的医保，否则是犯法的。

"你是不是手里没钱了？这样吧，我先给你送一万元钱应应急，需要多少钱，我们再想想办法。"

老杨本来是想贪点儿小便宜，自己退休多年，也有存款，哪会差那些钱。但听到朋友如此关心自己，还愿意给自己送钱，他感到很欣慰，同时也知道医保卡不能随便借，他向老友表达好谢意后就没有再提这事了，而是说等自己出院后，再一起去公园下象棋大战个三百回合。

如果普通人，一听到朋友要找自己刷医保，做一件违法的事情，可能心理早已不平静了，训斥的话也会张嘴就来，一吐而快。

但圆滑的人，不会这样想。

他们知道，说话得讲究方法，事情得看轻重。在做一件事情时，他们会深思熟虑，知道用什么样的话去回答对方，既能让对方明白自己真实的想法，又能让对方对自己的回答感到满意。

一件事情，从不同的角度去看，就会有不同的观点。而一句话，采取不同的方式去说，也会获得不同的效果。

所谓的职场"老司机"，所谓的"万金油"，其实他们是深知圆滑处世道理的人。他们明白，自己用最完美、最让人舒服的方式去对待别人，让人感觉到自己亲切友好，这样才能不得罪人，做起事来也事半功倍。

而这个方式，就是圆滑。

也许在刚听到这个词时，你以为圆滑会是一种老奸巨猾，阴险狡诈。其实，并非如此，圆滑是一种通达、智慧、不得罪人的处世技巧。当你真正明白之后，你会发现，它能够让你的人际关系如有神助，是一门积极向上的学问。

要想学会圆滑。你要知道：

1. 任何事情要学会掌握分寸

你要明白凡事都要有度，超过了这个度，很可能会让事情变质。比如，你在拒绝一个人的时候，只需要把理由说清楚就好了，不需要多说一些与理由无关的话。说多了，反而会让人觉得你不真诚，在找借口。

2. 内心要诚实善良

心里是怎么想的，你就一定要在不伤害别人，又不违背原则的情况下说出来。比如闺密的衣服本来不好看，你不能昧着良心，说衣服很漂亮、很适合她。当她知道真实情况后，不仅不会感激你，而且会觉得你这个人不诚恳，是个虚伪的人。

3. 不要太执着对错

当与他人有不同意见的时候，要学会以包容的心态去接纳对方的意见，因为观点没有对错。只要是好的，你完全可以采用，不能接纳的，你可以保留自己的意见。没有必要为了自己的面子问题，争个没完没了。这样的话，只会招来别人反感，认为你是个小气的人。

4. 不要不懂装懂

遇到他人谈论某方面问题时，你不要为了刷存在感，跑到人群中去凑热闹，说得天花乱坠。不知道的人以为你有才华，对你佩服，知道的人只会觉得你丢人现眼，像一个小丑。

5. 对看不惯的人学会保留意见

人际交往中，你会遇到各种各样的人。你看不上的人，在别人眼中也许是天才；你看上的人，别人也许会认为是一枚奇葩。因此，不管是哪种人，你不要太在意。因为每个人的三观不同，你不了解他人的人生际遇，就没有资格去评判他的人生。你需要的是保留好自己的意见，心里清楚就好。

6. 学会和各种各样的人处好关系

每个人都有他的脾气个性，但只要你付出真诚和热情，你就会很容易被对方接受。不管你有多么厉害，你都要明白只有和各种人处理好关系，你才是交际高手。

比如，在职场中，面对领导，面对同事，面对员工，该怎样相处，你都得在平时的生活中多加琢磨和思考，与他们打成一片。只有和他们处好关系，你的职场生活才会如鱼得水，顺利如意。

7. 灵活面对利益和原则的问题

有时候，你会纠结到底是保证利益，还是保证心中的原则。这看起来是个两难的问题，但你完全可以权衡利弊后，选择一个既有所变通，又保护自己的利益的方法。

比如，领导让你加班，承诺付你加班费。如果答应领导的要求，会让你牺牲掉自己的时间，因为你想下班后看书或者有其他的事情。这时候，你不妨问问领导加班的内容可不可以下班回家再做，或者问问他你可不可以明天早上提前上班，把加班的工作完美地完成。

事情是死的，但人的脑子是活的。只要你多思考，总会有双赢的办法。

8. 提防身边的小人

生活是一个大熔炉，什么样的人都会有。一个人太完美了，会招人嫉妒，被人背后搞动作，也就是会遇到小人。

出现这样的情况，你需要想想自己是否在平时说话时不小心得罪了某些人，伤害到了别人的利益。如果有，就尽快妥善解决。如果没有，那就要学会不主动去得罪小人，也不主动去拒绝小人，在正常的范围内与他们交往。

9. 要学会谨言慎行

通过一个人说话做事，能够看出他是否有优良的素质。在平时的生活中，你需要养成谨言慎行的习惯，说话不可太满，做事不可过分，这样的话，别人会觉得你谦虚低调，是个值得交往的人。

懂得平衡人际关系，懂得处理微妙复杂的生活。这样的你，无论在哪里，从事什么职业，你都会顺利的。

人际交往离不开说话做事，而圆滑能给你带来的好处，便是让你在人际交往中游刃有余，万事通达。

三、低头，并不是弱者的代名词

现实生活中，有不少人存在这样的想法：与人相处的时候，一定要表现得很强势，这样自己才能占上风，不会被人欺负。

其实，这样的想法是不对的。强势的人，虽然外表看起来很霸气，不可侵犯，但内心往往脆弱不堪。人与人之间的相处，取决于彼此之间的舒适度，只要你能让别人觉得与你交往起来开心快乐，那么任何人都愿意向你敞开交往的大门。

真正善于交往的人，会用自己的人格魅力征服对方，而不是用外表的强势去碾压对方。他们始终坚信，适当的低头也能为自己迎来机会，因此他们通常不会用强势的手段去与人交往。

小雅和闺密诉苦，说自己和老公结婚 20 年了，老公突然说受不了自己，准备下个月去法院起诉离婚。

这让闺密很是不解，印象中的小雅的老公是一个知书识礼，很有修养的一个人，怎么会和小雅相处不融洽呢？

直到一次在咖啡屋，看到他们夫妻的日常交流后，闺密才知道了小雅的老公为什么会提出离婚。

星期天下午，小雅和老公来店里喝咖啡。刚坐到椅子上后，小雅就对老公大声吼道："去，快给老娘我点杯卡布奇诺。"

老公这时刚把手里的一大堆东西放好，大颗汗珠子从他脸上不停地落下，他试探着回答："让我休息一下再去点吧，好不好，老婆？"

“你到底去不去，我数三声——一、二……”

“好，好，我去。”

看到这一幕，闺密心里有了一点儿眉目了。接着，又听到小雅在得意地说：“老娘叫你往东，你敢往西，试试看！”

闺密问：“小雅，你平时在家也是这样对你老公大呼小叫的吗？”

小雅听后，有些不以为然地回答：“是呀，我的脾气就是这样的，在谈恋爱的时候，我老公就说喜欢我这样女汉子型的，有什么问题吗？”

闺密又问：“那如果你们在某个问题上有了争执，结果发现是你错了，你会低头认错吗？”

“不，绝对不会。在我们家，永远是老婆最大，老公第二，我错了也是对的，老公他必须得让我。”

“那你这样强势，时间久了，老公肯定会感到厌烦的呀！”

小雅听到这里，突然明白过来，原来是自己太强势，不懂得低头，老公忍无可忍才准备去法院离婚的。

与人交流，强势并不是一个好的方式。因为强势，会让人感受不到你的善意，只会让人觉得你是个冷漠、爱命令别人的人。

事实上，无论是初次见面的人，还是认识多年的朋友、朝夕相处的亲人，都是不愿意被对方用强势的方式去对待的。

要知道，每个人都希望被人温柔地对待，这才是相处的本质。如果相处的结果是一种不愉快，谁还想继续交往下去呢？

不管是和人相处，还是与人合作，进行生意或者工作上的往来，你都应该学会温柔友好地对待别人。在该低头的时候，一定得学会低头，不能以一副盛气凌人的高姿态去面对他人。

在心理学上，有交互原则这个观点：决定一个人是否喜欢另一个人，关键是看另一个人是否喜欢他。

当你与人交往时，你肯定也不喜欢别人强势地对待你。如果你是抱着喜欢的态度去面对他人，你换来的也会是他人同样的喜欢。

李轩和孙琪同在一家公司上班。领导安排他们俩一起负责下属公司的一个财务统计工作。

李轩连续加班了一周，终于把账算清楚了。第二天中午，领导刚好需要这份财务报告。

孙琪粗略看了一遍，打算把报告交给领导。李轩这时才想起自己的报告上出了点错误，有个地方没有算对。

当他找孙琪要回报告时，孙琪却说："我是学统计学出身的，我看了没有错的地方，你一个专科生难道比我还懂吗？"

李轩着急了，"可这关系到公司资金的问题呀，容不得一点儿马虎。"孙琪没有理他，直接把报告交给了领导。

聪明的领导一下就看到了错误的地方，把孙琪和李轩叫到办公室来，大声问他们怎么回事。

孙琪说自己没有时间处理报告，一直是李轩在负责整理。领导于是把李轩骂了一顿。

知情的同事为李轩叫屈，问他为什么不把实情说出来。

李轩是这样回答的，"事情已经发生了，我们都有责任。这次主要是我没有做好工作，如果我当时站出来为自己澄清，那么孙琪肯定会和我大吵一顿，我一时低头反而能换来和平。"

后来领导知道了事情的原委，很欣赏李轩的大度，有什么工作也愿意交给他去做。李轩也因此在工作中立下了许多功劳，被领导赋予重任。

表面上看，你可能会认为一时的低头是一种懦弱，是会让别人看不起，觉得你好欺负，就像上面故事中的李轩。

但实际上却不是这么一回事。一时低头，会让你从不利的处境里转移出来，从而为你带来更多的可能性。

举例来说，如果你明知道别人不讲理，是在有意刁难你，与其和他争论不休，还不如直接承认是他对你错了。这样吵架便会戛然而止。聪明的人，也会知道这个事情究竟谁错谁对。

在与他人合作的时候，如果你们已经处于谈不下去的窘境了，那么你不妨试着在可能的范围内低下头，让出一部分利益，让对方获得更大的收获，你也会因此获得了对方合作的机会。

从眼前看，你好像是处于不利的一方，但从长远来看，谁又能说你就一定是输的一方呢？你必须要明白：很多机会，正是从低头让步中换来的，你得试着调整一下自己陈旧的思维。

1. 世间从来没有绝对的事情，很多事往往另有转机

不要觉得自己低头了，就是一种认输。输赢不是绝对的，你一时低头往往会给事情带来回旋的余地，让自己赢得转机。

2. 要有一颗包容的心态

你之所以会和他人针锋相对，是因为你眼里容不得沙子，凡事都要刨根到底，弄个清楚明白。其实，你应该学会包容一些，多些理解和忍让，事情就得到了解决。

3. 做事要学会留白，给他人一个机会

人际交往中，大家低头不见抬头见。也许你现在赢了，不代表以后也会赢。与其非得要鱼死网破，争个输赢，还不如退一步海阔天空，给彼此都留个可以继续合作的空间，这才是明智的选择。

4. 强者从不选择与他人计较攀比

时间对每个人来说都是宝贵的，真正的强者从不会浪费时间去与他人争论输赢，他们只会给自己争取更多的时间，专注于自己该做的事情。你如果有时间，还不如用来提升自己，让自己变得更加优秀。

5. 学会适可而止

有一句话叫“月满则亏，水满则溢”，说的就是要学会掌握度的问题。你在与他人交往的过程中，要理智地掌握好度的问题，当你发现可以用“低头”才能挽回局面时，为什么不试着低一次头呢?

6. 人与人之间的冲突大多因误会而起

很多时候，你与别人发生冲突和误会，往往是因为彼此之间的沟通不到位，大家的想法不同而引起。这时候，你应该学会放下身段，主动去把误会解开，让合作得以重新进行。

7. 学会解决问题而不是制造问题

人际交往离不开沟通交流，问题出现后，只顾着去争吵不会解决问题，反而会制造出更多的问题。聪明的你应该试着冷静下来，把引起矛盾的问题给解决掉，化被动为主动，这样你才会赢得别人的尊重和信任。

忍一时风平浪静，退一步海阔天空。

人际交往中，学会忍让，学会低头是一门处世哲学。你只有学会了它，才能够让你在很多场合中，化不利条件为有利条件。为自己搭桥建路，从而所向披靡。

四、低调做人，别总去吹嘘

被人仰望，被人瞩目，会让自己充满了成就感，内心油然生出一种自豪感。这是许多内心不够强大，喜欢在人群里表现的人最真实的想法。

不知道你有没有发现，生活中总有这样的人，他们喜欢在别人面前炫耀、显摆，好像担心别人不知道他们具有过人的才华似的，非得要用吹嘘、张扬的方式表现出来才肯罢休。

他们最爱做的就是抢风头，当你正在和朋友讲某件事情时，他会站出来："你说那个呀！我知道的，且让我慢慢道来。"随后，他会没完没了地讲一大通话。

面对这样的人，你不需要去拆穿，与他们对着干。因为真正了解他们的人，只是会把他们当成笑话来看，并不会有过多好脸色给他们。你需要做的只是沉默，看他们表演就好。

你要记住，真正有本事的人，不喜欢在别人面前显摆，逞英雄。

国庆黄金周放假了，谭靖和闺密们订好了飞机票，准备去北京旅游。在出发之前，谭靖花了三天时间做了5份攻略。

她们统一意见，准备用5天的时间，去把长城、故宫、天安门、雍和宫、颐和园、植物园等地方都游玩一遍。

第一天，他们游了长城后，有了分歧，潭靖听北京读书的朋友说去故宫最好是在网上提前订票，否则很可能因为游客太多而买不了当天的票。

一向爱出风头的章雨却坚持认为不用网上买票，她说北京那么大，故宫是给所有游客看的，肯定能现场买到票。

等他们到了之后，发现游客太多，故宫的票刚好在他们达到之前已经在网上卖完了，不能现场买。

他们只好失望地离开，选择去了天安门。

回酒店的时候，章雨坚持不看攻略，随意坐了个地铁，她说北京的地铁四通八达，无论怎样坐，都可以到达目的地。

结果因为她这个任意的行为，让朋友们迷了路，最后只好花钱打出租车才回到了酒店。

章雨和大家一样，都是第一次来北京。她对北京一无所知，却总是要在朋友们面前逞能，当一个领导者，瞎指挥，让大家吃了不少的苦头。

当大家选择按谭靖的攻略来游玩的时候，发现一切事情都变得简单了许多。因为在谭靖的攻略里，吃饭、坐车、买票、住宿都安排得周密而妥当。

通过这次旅游，大家对谭靖的能力刮目相看，与她的关系也变得更加亲密了。

诚实的人是最可爱的。孔子曾经说过："知之为知之，不知为不知，是知也。"用白话文解释过来就是：知道就是知道，不知道就是不知道，这样才是真正的智慧。

是的，当你明明不知道一件事情的真相，却还故弄玄虚在别人面前来逞能，这难道不是一件很愚蠢的事吗？

即使你能蒙骗大家一时，但时间久了，真相浮出水面后，你又该怎么面对众人呢？而且，就算你知道真相，再不需要去解释说明的时候，你跳出来解释，也不会有好的效果。

人们最讨厌的，便是喜欢在人前炫耀的人。你是个有才华的人，自己知道就好了，当你站出来炫耀、显摆，很容易引起别人的反感，觉得你不尊重人，是在哗众取宠。

要知道，谦虚使人进步，骄傲使人落后。如果你真有真才实学，就算你不说出来，别人也会通过你的言行举止看出来。

小杨刚到一家广告公司上班的时候，锋芒毕露，很喜欢表现自己。只要一听到别人在说话，他就会跑上前去："你们说的那个，我知道。"不管别人听不听，他都会说个没完没了。

只要是人多的地方，他就非得去凑个热闹。当别人对他说："哇，小杨，你懂得真多呀！"他会骄傲地回答："那当然了，我可是重点大学毕业的研究生，会有什么不知道的呢？"

当着面没有人说他，可了解他的人背地里都会小声嘀咕："炫耀什么，不吹牛会死呀！"

有一次，办公室的网线不小心被同事弄坏了。同事正准备打电话让客服来维修，没想到被小杨制止了。他对同事夸下海口："别打电话求助了，交给我处理吧！"

同事担心地问了问："你能搞定吗？"小杨一脸不屑地说："当然能啊，我大学就是学这个的。我除了不会生小孩，有什么是我不会的嘛！"

同事听他这么自信，只好坐下来忙手里的工作。可结果等了一个多小时，小杨也没把网线给接上。

最后还是主任打电话把客服叫来给处理好的。这件事迅速在公司传开了，大家对小杨议论起来，“研究生毕业怎么了，平时不是说自己什么都会吗？连个网线都接不好，还显摆炫耀什么呀？”

天外有人，人外有人。世界之大，无奇不有。也许你在某个领域确实很优秀，但并不代表别的人就比你差，你不能拿你的优点到处炫耀。

成熟的麦穗都是低着头的，这告诉我们要学会谦虚，学会低调。自己有本事，自己知道就行，没必要非闹得人尽皆知，让别人对你投来赞赏的眼光。

这只能算是虚荣心太强，真正优秀的人不会有缥缈的虚荣心。他们只会诚实地做自己，努力地做好每一件事，真诚友好地和每个人相处。

你如果要想成为别人敬仰的人，可以向那些优秀的人学习。而不是以炫耀显摆的方式来吸取别人的注意力，企图博人眼球。

要怎样才能成为让人发自内心喜欢的人呢？这不是一下子就能做到的事情，但你可以从克服炫耀，保持低调来学习。

1. 高调的表现只能让别人喜欢你一时

许多人喜欢在人前吹嘘显摆，往往是因为别人的赞美和欣赏让他们以为别人是在欣赏自己，喜欢自己。其实真实的情况并不是这样，大家都只是出于礼貌不想去揭穿你而已，因为没有人会喜欢高调张扬的人。

2. 不要总是想着刷存在感

有的人总觉得，在人多的面前显示自己的能力，是一件很酷的事情。老实说，适当地显示你的能力会让人欣赏。但当你频繁地去炫耀和显摆时，这种行为就会变成是一种表演欲太强的病态行为，让人觉得你是在刷存在感，对你产生厌恶的心情。

3. 让他人当主角，你当配角就好

有人说，人生是一场戏，生活得好与不好，全看个人的演技。这话只是说说罢了，并不是要你在现实生活中像个演员一样夸张，很多时候，你得学会控制自己，给他人机会，让别人去说话，而不是你一个人说个没完。

4. 谦虚的人才能看到自己的不足

当你总想要去表现的时候，你可以试着让自己冷静下来，理性地分析“是不是除了你之外，就没有别的人比你更优秀，更适合去表现，如果不是，为什么别的人不去表现就你爱去呢”？

经过这样的思考，压制住自己想去炫耀的心，从而养成谦虚低调的品质，让自己变得更加优秀。

5. 学会向身边优秀的人学习

真正优秀的人，从来都不会觉得自己优秀。他们总会在内心告诉自己，“自己做得还不够好，还有可以提升的空间。”当你向他们学习后，你会发现自己的心不再浮躁，会抱着谦和、温柔的心去对待每一个人。

6. 学会发现别人的闪光点

每个人都有他独特的优点，只要你善于去发现和总结，你便会知道你的身边有着各种各样的高手。以前你之所以忽略了他们，是因为你总是以自我为中心，觉得自己很了不起。当你发现别人的优点后，你就会打开新的眼界，改变你之前狭窄的认知观念。

7. 要明白金子在哪里都会发光的道理

如果你身怀过人的本领，无论你多么会隐藏，时间久了别人也会从你谈吐和做事方面看出来。

所以，你完全不用担心自己很优秀，别人却又不知道这件事。你只需要做好自己，其他的交给时间就好。因为是金子，在哪里都会发光。

比起那些喜欢炫耀的人，人们更偏爱那种低调处事，关键时刻力挽狂澜，大显身手的人。

要相信，低调做人是一种很好的人生态度。在这个社会上，优秀的人其实有很多。你只有学会低调做人，不炫耀、不显摆，才能扩宽自己的人际交往圈，与更优秀的人不期而遇！

五、放下清高心态，与他人真诚交往

我们每个人生来都是平等的，在生活中不能因为自己知道得多，或者收入比别人高，就看不起别人。

这样只会让自己失去很多机缘，甚至变成让人讨厌的人。

只要你留心生活，会发现那些擅长交往的人，往往都是尊重别人的人，即使他们有着高学历，不错的收入，也不会有很强的优越感，对不如自己的人也会抱着尊重和欣赏的态度。

他们在内心深处明白：自己懂得再多，也依然有自己不懂的地方，只有放下清高心态，与他人真诚交往，才能赢得他人的喜爱。

周海博士毕业后，来到一家国企上班。

在没熟悉他以前，单位的人对他都是敬而远之，觉得他学历高，是一个不好相处的人。周海到单位两个月了，也没有同事和他深入交流过。

有一次，单位的清洁工王姐在打扫卫生的时候，不小心摔倒在地。周海看到了，二话不说，赶紧上去将她搀扶了起来，并立即打车陪她去医院做了处理。王姐通过与周海简单地交流之后，发现他并不是大家想象的那样——高傲自满，不好相处。

相反，周海说话谦和礼貌，不管你有什么不懂的问题，他都会细致地回答，并且会耐心地讲到你理解为止。

经过这一次事件后，王姐和单位的其他人对周海的印象有了很大的改变。

同事们开始与他深入交流起来，随着交流的次数增加，同事们发现他是个平易近人的人，是一个可以让人放松去交流的人。

现实生活中，常常有这样的人，他们因为自己文化高、懂得多，对那些不如他们的人就看不起，说话也没有好脸色。

而对那些收入比他们多，地位比他们高的人，他们则抱着讨好的态度去与之交往。

其实，他们不懂人与人之间的相处，靠的是真诚友好，并不是你读了多少书，有多少的文化，挣多少钱。

如果你只是看起来文化比较高，但你说话做事惹人讨厌，在人际交往中，你没有一个真正的朋友，就算你过得再好，你也是一个失败的人。

相反，那些优秀的人，他们懂得谦卑和尊重。不管与他们相处的人，有着什么样的知识水平，他们都会抱着真诚、尊重的心态去与之交流，从而获得了别人的尊敬。别人有什么资源和消息，也愿意与他们分享。

刘睿是一名公务员，到单位上班一年多了，他却没有一个朋友。很多时候，领导让他去隔壁办公室要份资料，别人都不愿意给他。

领导通过打听后才知道，原来私底下刘睿和同事们相处得并不好。中午吃饭的时候，同事来叫他一起吃饭，他常冷漠地说："你自己去找人吃饭吧，我不喜欢和别人一起吃饭。"

有一次，同事遇到难题，找他帮忙，他回答道："你还是个大学生吗？这么简单的问题都不会，既然你这么笨，那我也没必要帮你了，显得我智商低，你说何必呢，是吧？”

类似的事情发生多次后，同事们私底下觉得刘睿这个人太毒舌，太高冷，不好相处。大家不约而同地孤立了他，当他有困难要帮忙的时候，都选择置之不理，看他出笑话。

领导知道刘睿的问题后，把刘睿叫到办公室进行了一场谈话。

领导问：“你反思过吗？为什么你和同事间的关系变得这么僵硬，有什么事情，他们都不愿意站出来帮你？”

刘睿没有多想，脱口而出：“他们自己智商太低，不好相处，难道还能怪我吗？”

领导看了他一眼，知道说再多也没用，只好说了这样一句话：“衡量一个人优秀的标准之一是，他周围有多少人愿意与他交朋友，与他很好地相处。”

然后，领导和刘睿讲了一些情商高手与他人相处的故事。刘睿这下才有点明白自己情商低的事实。

心理学家们认为，人们的态度往往在交往中体现出来，并在交往中得到别人的启发和教育，从而改变。

你如果不懂得放下清高心态，与他人真诚交往，那你就很难改变自己的看法，更别说吸收别人对你提出有意义的意见。

不懂人际交往，并不是一件可怕的事情。当你发现了的问题，你勇于承担，之后积极改变，人们也会乐于去接纳你。

怕的是，你只愿意活在自己的世界，与他人格格不入，还偏激地认为是别人不懂你，不配你弯下腰去和他们相处。

请别这么自以为是了。如今的社会，是一个说话做事的社会，是一个需要随时与他人交流相处的社会。

你知识再多，文化再高，也只是证明了你接受过良好的教育，并不能证明你是个优秀的人。优秀和文化没多大实质性的关系，一个人受他人喜欢，被周围的人欣赏，周围的人愿意与他相处，这才是重要的。

要怎样才能摆脱清高这个问题，变成交际高手？你可以这样来尝试：

1. 学会欣赏别人的长处

一个人清高，很大原因在于他只看到自己的长处，看不到自己的短处，更看不到别人的长处。“天外有天，人外有人”，一个人无论再怎样优秀，都很难成为天下第一。

想要变得更优秀，你还需要花时间去看看身边的人，他们的世界是怎样的，他们有着怎样的优点值得你去欣赏和学习。

当你学会去欣赏，你会发现原来平凡的清洁工身上也有优点，驾驶员身上也有优点。

比如，他们都爱岗敬业，都尊重他人，都为了生活在努力拼搏，等等。这样才会打开你的自我世界，扩宽你的思维模式，让你变得越来越美好。

2. 懂得承认自己的不足

许多人之所以不爱与周围的人相处，是因为他们觉得自己口才不好，不会像别人那样张口就来。

或者是因为自己的学历不高，认知水平有限，所以在人群中宁愿听别人讲，自己不作声。但这样的想法是不对的，你不说别人永远也不知道你有什么样的问题，需要什么样的建议。

人际关系中，要学会勇敢面对自己的不足。适当的时候，坦诚地说出自己的不足，不仅不会被人耻笑；相反，还会得到他人真诚的指点。每个人都不可能是完美的，你抱着不足装完美，只会引起别人的反感。

还不如一开始就勇敢地面对自己的不足，抱着学习和分享的态度去与人交流，往往能获得他人的尊重。

3. 表达清楚自己的真实想法

清高的人，常常说话随心所欲。很多时候他们说出的话被人误解了，他们也不肯花时间去解释清楚。结果时间久了，落下了毒舌高冷的形象，还不自知。

说话最重要的是让听的人能够听懂，而不是故意讲一些高深莫测、云里雾里的话。毕竟，大家的时间都很宝贵，没有人愿意花时间去揣摩你话里的精妙意思。

因此，要想成为情商高手，你一定得学会在说话前过过脑子，想想对方是个什么样的人，该怎样组织语言，对方才能听懂你所说的话。

而不是来一场对牛弹琴的对话，让双方觉得交谈纯属浪费时间。

4. 学会使用有人情味的话语

与人沟通是相互的，你说的话让对方觉得你是真诚的，是有感情的，那么投桃报李，对方也愿意以心换心，把你当成朋友来相处。

清高的人，总是活在自己的世界里。说话只求自己高兴，不求别人舒服。往往他们说的话让人觉得没有人情味，听来刻薄不舒服。

其实，清高的人要明白，一个句子怎样表达，是由人来决定的。很多时候，换一种表达方式也许会让人听起来更好，也让人易于接受。

比如，在日常交流中，我们可以多使用“亲”“思密达”“么么哒”等网络词语来表达，这些词语不仅听来幽默，还能加深彼此的亲密度，为什么不能用呢?

只要在生活中，你放下清高心态，待人处事亲切友好，说话用词得当，让别人觉得与你相处起来充满了甜蜜和快乐。

这样，你想要变成交际达人，将是一件很容易的事情。

六、情绪稳定，别人才愿意与你交流

微笑有神奇的魔力，它能给人带去美好的感受。据研究表明，人们往往愿意和微笑的人交流。现实生活中，商家做生意，也总会要求服务员面对顾客时，一定要笑脸相迎。

微笑，是一种积极稳定的情绪。它能瞬间让人感到亲切友好，放下防备怀疑的心理，对你产生亲切感。

没有人愿意和情绪不稳定，整天摆着一张臭脸的人去交流。

老郭从一家公司辞职有两个月了，让他感到郁闷的是，公司说好要给他缴纳的住房公积金一直没有交。

这天，老郭带着一堆纸，冲到经理办公室。他对经理说："我来上班的时候，公司就说要交住房公积金的。我上了一年了，辞职的时候说会给我补交。怎么现在都还没交呢？"

经理给老郭倒了杯水，耐心地做起了解释："老郭，你别着急。公司肯定会给每个员工交'五险一金'的，但公司刚成立，名单一直在统计，过几天就会给你交上的。"

"你别忽悠我了，你们到底交还是不交！"老郭刚说完这句话，就把旁边的椅子使劲往地上砸了下去。

听到动静的同事们从隔壁房间赶了过来，了解事情的原委后，都劝老郭别冲动，有话好好说。

不劝还好，一劝老郭更生气了。他走到经理面前，指着鼻子对他怒吼：“你们套路太深了，等我走了，肯定不会交。现在你必须得把欠我的公积金直接用现金给我！”

大家都知道，公积金不可能用现金的方式给员工。于是纷纷劝起老郭，叫他耐心等等，公司会给他交的。

没想到老郭一下暴跳起来，开始砸桌子板凳。最后公司把警察叫来，把他带去了派出所，事情才得以平息。

有话好好说，这谁都知道。但许多人脾气暴躁，遇到一点儿事情就控制不了自己，喜欢用自己粗暴不理智的方式来解决，结果反而把简单的事情弄得更加复杂。

生气是魔鬼，在生气的情况下，往往伴随的是不稳定的情绪。用这样的情绪去交流，只会给自己带来不必要的麻烦。

什么是不稳定的情绪呢？

心理学上把焦虑、紧张、愤怒、沮丧、悲伤、痛苦等统称为负面情绪，也就是不稳定的情绪。它会让一个人处于不理智的境界里，说话做事都变得冲动，做出伤人伤己的事情。

一个理智的人，是能够合理调节自己的情绪、拥有良好心态的人，也是人们愿意与之接触的人。

生活中许多事情，本来只是一件小事情。只要当事人双方，坐下来把各自的问题坦诚地说出来，事情便能轻易得到化解。

如果用不稳定的情绪去沟通，结果适得其反，没有解决好问题，反而制造出了更麻烦的问题。

潘梅的笔记本电脑不能自动蓄电了，她在网上买了同一个型号的电池。等她收到电池后，发现电池的型号和自己之前跟客服说好的型号完全不一样。

她恼怒地找到客服，准备大骂一场。

客服先对她说："亲，你好，有什么可以为你服务的？"

潘梅把之前的截图发给了客服，正准备要说骂人的话。却看到客服打了一行字过来："亲，你好。我们给你邮寄是同一种电流频率的电池，一般都是通用的，如果您觉得使用起来不方便的话，可以申请退货。"

看到这行字，潘梅的怒气减了几分。

她立即回复："我要退货。"客服说："好的，我这边已经把退货地址发给您了，我们收到你的货后就会把钱退回你账户的。请问，还有什么事能帮到你的吗？亲！"

潘美回答："没有了。谢谢！"

关掉电脑，潘美才恍然明白过来，自己不是要骂客服的吗？怎么事情就这么愉快地处理好了呢！

故事中的客服是聪明的，在遇到顾客咨询的时候，她一直保持礼貌友好的态度去回答，结果把一场误会轻松地给化解了。

如果她是个冲动、情绪不稳定的人，那么她就不会这么理智，有技巧地去应对好顾客。这也说明了只要情绪稳定，你去和别人沟通的时候，往往能给你带来好的结果。

人际关系中的许多问题，都可以说和情绪脱离不了关系。尤其是在沟通交流的时候，你的情绪稳定，说话让人舒服，再大的困难都会获得转圜的机会。

而如果你情绪不稳定，抱着消极的情绪去与人沟通，别人感受不到你说话的内容，而是被你恶劣的态度影响，也和你针锋相对，那么事情自然就不能得到妥善的解决。

所以，拥有稳定的情绪，对我们的人际交往起着巨大的作用。

心理学家们认为，人的情绪同其他一切心理活动一样，主要是由神经系统操控，大脑皮层下的神经过程在情绪的生理基础上起重要作用，每个人都能够主动地控制和调节自己的情绪。

如果你想随时都能保持稳定的情绪，你可以从以下几点开始努力。

1. 生气是魔鬼，别轻易生气

生气会让原本可爱的你，瞬间变成另外一副令人讨厌的面孔。你要记住，没有人愿意看到一张愤怒的脸，要想让别人喜欢你，你就应该随时展现乐观开朗，与人为善的样子。因为没有人愿意与情绪不稳定的人相处。

2. 提升个人修养，做一个遇事不惊慌的人

有修养的人，不管遇到多大的事，都会平静温和地处理。如果你遇事会浮躁，情绪不稳定，说明你的修养还有待提高。你可以多看看有益身心的书，或者多与优秀的人交流学习，提升自己的修养。

3. 学会调节好自己的情绪

我们每个人都会遇到生命中突发的事情，情绪受到影响，难免会出现悲观失望的情绪。但如果你一直沉浸其中，不懂得调整自己，从中走出来，最受伤害的还是你自己。你首先要做的是正视自己的问题，通过“注意力转移法，升华法”等方法来调整好自己的情绪。

4. 做一个善于倾听的人

在遇到情绪糟糕的人时，你说什么话，对方在不理智的情况下很难听进去。那么，你可以试着去倾听对方，当他情绪的垃圾桶。等他情绪好一些的时候，再和他交流你们之间原本想要说的内容。

5. 说话要说到点子上

与人交流讲话，最怕你说了半天，结果对方一句话也没听懂，场面陷入了尴尬的氛围。遇到这种情况，你就要多反思自己，是不是自己说话的方式不对，或者你没有把话说到点子上。

你只要把话说清楚，让对方听得明白，你们的交流才能算是一场有效的沟通，不至于引起误解和其他麻烦。

6. 要学会平复别人的不良情绪

当你发现和你交流的人正处于说话激动，情绪不稳定的时候。你应该立即思考，该如何才能让对方恢复正常状态，比如你可以说："我很理解你心情不好的原因，但让我们来一起解决问题，好吗？"这样，争论也会停止了。

通过提醒、打断的方式让对方冷静下来，理智地把问题解决，而不是让问题变得更加棘手，这也是人际交往高手常采用的策略。

随时保持心情开朗，情绪稳定的状态，才能发挥出你最好的人格魅力，让周围的人被你感染，主动走来与你交往，使你成为人际交往中的"万人迷"。

七、如果你优秀了，自然有人跟随你

人生路上，每个人都希望做一个受人喜欢的人，有很多朋友。毕竟，我们是活生生的人，有着自己的喜怒哀乐，都希望快乐时有人能够一起分享，悲伤时有人能够一起面对。

但当今社会，要怎样才能拥有许多朋友呢？是你必须得有很多钱？还是要有足够吸引人的名气地位？

不，当然不是这样。人际交往中，人们更加倾向于和真诚、友好、善良的人做朋友。如果你没有优秀的内涵，只是靠金钱、名利结交的朋友是注定不会长久的。

相反，如果你有许多优秀的品质，人们自然会愿意与你长期交往。

董婷由于工作变动，搬到一个小区生活了5年多。可这5年多来，她在小区内的人缘并不好，几乎没有人愿意与她有过多的交流。

记得刚来小区的时候，她将老家的土特产，挨家挨户地给整栋小区的住户送了去。当时大家对她很有好感，每次在路上见面了也会和她打招呼。

可和她交往久了后，大家都开始疏远她。背地里，都说她性格不好相处，说话尖酸刻薄，一点儿也不给别人留情面。

有一次，隔壁邻居张大妈在小区门口碰见了她，张大妈便叫她一起去广场跳广场舞。

没想到董婷用异样的眼神看着张大妈，说道：“你不觉得在大庭广众之下跳广场舞，像是在耍猴吗？路过的人都会在旁边指指点点，这样的舞蹈你也愿意去跳？”张大妈听后气得一句话也说不出来，转身就走了。

还有一次，小区的刘哥生病住院了，大家一起去医院看他。见到这么多人来看望自己，刘哥心情十分舒畅，病情也好转了不少。

董婷冲到人群面前，对着刘哥问道：“刘哥，你这病不会是装的吧？”她这一问，把笑得正开心的刘哥弄得尴尬极了，不知道该如何回答，场面一时陷入了尴尬的气氛。

董婷这样说话不经过大脑，得罪人的事情还有很多。小区很多人都遭到过她的伤害，时间久了，大家也就不愿与她有任何接触了。

心理学中有人际印象这一说法。

所谓人际印象，是指人们记忆中所保留的有关他人的印象，是认知主体，把有关他人的各种信息综合在一起而形成的对他人的整体印象。

在最初的交往期间，别人对你不了解，很难对你保留深刻的印象。与你的交往也只是点到为止，随着时间的拉长，你在交际中所展现出来的口才、见识、胸怀等才是真正吸引别人与你交往的关键。

可能你凭着一时的投机取巧，会获得别人的喜欢。没有真正美好的品质，你是很难交到好朋友的。

好朋友是把你放在心上，遇到事情了他会关心你、照顾你，让你感觉到除了亲人外，身后还有一群人在担心你过得好不好，开不开心。

生活中，那些人际交往高手，他们也许看起来很普通，但接触久了，你就会发现他们身上一般都有着真诚、善良、乐于助人等优秀品质，所以无论他们走到哪里，都会结交到大量的好朋友。

赵月是单位的开心果，平时有空儿的时候，大家都喜欢和他聊天。无论你和他开什么样的玩笑，他都不会生气。

很多时候，他甚至喜欢用自黑的方式来和大家交流，比如他常常会说自己是个“二货”。

他也会和大家讲自己从网上看到的各种笑话来逗大家开心，只要有他在的地方总是会一片笑声。

单位里谁有事不能加班，他会第一个站出来主动帮忙加班；谁的快递到了，他也会帮忙去单位门口取；每次吃饭的时候，他也会顺便给办公室的同事们带饭回来。

不知不觉中，大家对他都形成了依赖。有一次，他生病请假，有一周没有去上班。

同事们买了好多水果去看他，对他说：“老赵，你不在单位的这几天里，我们度日如年啊，快点好起来，来单位吧。我们都在等你呢！”

赵月听后，笑着问：“怎么，你们都离不开我了呀？哈哈，那我真有福气！”这时，有人回答：“是呀，谁让你是我们的开心果呢！”

赵月这下才知道，平凡的自己，竟然在单位有着这么好的人缘。

人格魅力好的人，即使他离开了人群，人们也会在背后怀念他，想着和他相处时的愉快感。

能够让人记住你，也是衡量你是否是一个值得交往的一大因素。有些人，虽然在人群中呼声很高，大家对他的话言听计从，可背地里却恨不得离他远远的，甚至还说他的坏话。

这样的人，可想而知，是没有人格魅力的。

网上流传这样一句话：“喜欢一个人，始于颜值，陷于才华，忠于人品。”也就是说，一个人如果优秀，那么就会被人喜欢。

要怎样才能拥有优秀的人品呢？

1. 学会诚信、讲礼貌

讲诚信的人，会得到人们的尊重。觉得与你说话办事，心里都非常舒坦放心。而讲礼貌的人，会让人觉得你是个有内涵，懂得尊重别人的人。做到这两点，会让人对你刮目相看，认为你是个不错的人。

2. 在某方面有过人的本领

有本事的人，在哪里都令人瞩目。人们不会喜欢听你表面说得如何好，如何厉害，而是看你实际展示的本领有多么厉害。当你在众人面前，表现出你过人的才华时，大家一定会把钦佩的掌声热情地送给你。

3. 是一个幽默开朗的人

幽默开朗是一种珍贵的品质。它会随时给人带来欢乐，让人觉得时间仿佛都停止了一般，一切都是那么的令人陶醉。如果你身上有这个品质，记得一定要保持下去，因为这个品质会吸引很多人向你靠拢，成为你的朋友。

4. 有自己独特的思维分析能力

有主见的人，往往都有着独特的思维分析能力。他们遇事不人云亦云，会经过一番思考后，得出属于自己的看法。而这种独特的看法，会让周围的人觉得他们与众不同，充满了个人的魅力。

5. 乐于助人、以大家的快乐为快乐

优秀的人，他们不自私自利。相反，他们乐于分享，并且会尽自己最大的力量帮助别人。他们觉得把快乐分享给大家，大家快乐了自己才会更快乐。

6. 对自己有着准确的定位

明白自己擅长什么，在有限的生命里自己应该去做什么，是一个很重要的问题。优秀的人，在这方面有着清醒的认识。他们对自己的定位很明确，只要认准了目标，不管半路遇到多大的困难，他们都不会退缩，而是坚持到底，直至实现梦想。

7. 从不放弃自我学习

也许，在外人看来，优秀的人已经很好了，但对于他们自己，却从未觉得自己有多么的优秀。相反，他们总是能够看到自己身上的不足之处，会利用空余时间来充电学习，完善充实自己。

8. 会自我反思，听得见别人的意见

一个人肯不肯自我反思，愿不愿听别人的意见，是决定他能不能取得进步的关键。许多人在取得一点小的进步后，便会裹足不前。他们对别人诚恳的意见置之不理，觉得别人不懂自己，自己是完美无缺的，不会存在任何问题。

而优秀的人却与之相反，他们会谦虚地听取别人的意见，也会花更多的时间来反省自己。让自己不迷失，能取得更多的进步。

成为一个优秀的人，并不是不可能的事情。如果你对上面提到的建议觉得还模糊的话，那你完全可以从身边的人下手。

找一个大家都公认的优秀的人，看他身上具有哪些美好的品质，然后花时间去认真努力地学习。

功夫不负有心人，通过长期刻苦地学习，有一天你也会变成交际达人！

第　三　章

透过表象，看清交际背后的本质

一、朋友要的是质量而不是数量

俗话说，朋友多了路好走。身处在当今社会，没有朋友，好像办什么事情都不方便。

于是渐渐地，大家不约而同地都想要认识更多的人，和更多的人做朋友，以便在需要的时候，可以有个好的照应。

在家靠父母，出门靠朋友。话是这么说，但你千万要懂得朋友与朋友的区别。朋友分为很多种，不是每一个朋友都会在你需要帮助的时候，热心地站出来帮助你。

大家都过得忙碌，如果不是真心的朋友，谁会那么慷慨无私地帮助你呢？尤其是社交场合中偶然结交的朋友，彼此不了解，只是为了利益才有了短暂接触的缘分，遇到事情了，他会无条件帮你吗？

当你真的处在危难时，只有真正的好朋友才愿意帮你，你结交的普通朋友可不会那么好心肠。

周末聚会，好哥们儿陈平含着泪说起了自己的故事。

平时在公司，同事们对他都很好。中午吃饭的时候，他常和同事们一起去公司门口的火锅店吃饭。

没事的时候，他也常去各个办公室串门。大家都说他性格很好，人也很善良，是一个很不错的朋友，以后有什么需要帮助的，尽管找他们，他们一定会竭尽全力地帮忙。

有一次，陈平的妹妹患了糖尿病在医院住院，需要一笔钱做手术。陈平家境不好，自己手里又没积蓄，无奈之下，他只好在微信朋友圈发了“众筹治病”的链接。

本以为人命关天的事情，会得到公司同事们的帮忙。没想到自己发在朋友圈的“众筹”，竟然无人问津。

他打电话给自己最好的同事小赵，小赵接通了电话，他的话还没说出口，对方便说：“你是想说你妹妹生病的事情吧？你发朋友圈的消息我看到了，但兄弟你是知道的，我也没钱，不能捐钱，所以实在是爱莫能助呀！”

陈平听了有些伤心，自己并不是希望同事站出来为自己捐款。他解释说：“其实我是想让你和其他同事看到信息后能够帮忙转发一下的。”

对方听后，立即点头答应，但之后还是不见其转发。

相反，我们知道陈平这件事后，迅速组织同事募捐，把钱打到了他的账户。他最后感慨地说：“还是老朋友更靠谱啊！”

泛泛之交有没有真正的朋友，我们不好说。但人心隔肚皮，你把别人当朋友，别人有没有把你当朋友，只有对方心里才清楚。

我们交朋友，都是希望能够交到彼此真心为对方着想，在有需要的时候，大家互相帮助，共同成长，而不是夹杂太多利益关系，你利用我，我利用你。这不是在交朋友，这是在做生意。职场上，同事间是为了工作的事情才有缘在一起的，该不该深交，还得看人来。

不是他一句“有事了，告诉我一声，我一定帮忙”，你就把他当死心塌地的好朋友来对待，用真心换来一场欺骗，到最后苦了自己。

生活中的我们，总是希望高兴时有人分享，苦闷时有人陪伴。于是有了想要交朋友的想法。很多时候，朋友多了，路好走，这句话说得特别对。

要去某个单位办事时，你有朋友恰好在那里上班，你打个电话，办事就方便了许多。遇到难事了，刚好有朋友是这方面的专家，你一个电话给他，之前对你来说无比困惑的事情，顷刻间便得到了处理。人情社会，从古至今，都是这样的，我们把它叫作关系。“有关系，好办事”说的也就是这个现象。

所以，每次遇到重要活动，有重要的人物参加时，你都会想要去认识他们。你以为交换了彼此的名片，有了认识的这层关系，以后遇到事情了，向他求助时他一定会卖你这个人情。

然而，真有这样的好事吗？

老李是个热爱交际的人，每个周末他都会和QQ群里的驴友去郊区玩。然后，递上他的名片，和他们一阵狂聊。

不仅如此，单位的同事间，谁要是组织去郊外野炊，或是邀请他去KTV唱歌，他都是随叫随到。他认为，通过这样的方式和他人接触，他一定能交上很多朋友，以后遇到困难，大家一定会挺身帮忙。

每次和别人聊天，当他听到别人说到某个人时，他都会抢话说：“你说他呀，我认识，我们还是朋友呢！”

要是有人借机问他，能不能帮忙请对方出面处理什么事时，他不假思索便答应下来：“放心，只要你有需要，凭我和他的关系，他一定会帮忙的。”

结果有一次，好朋友手头紧，打算向银行贷款，需要有担保人，他怎么找也找不到担保人。当朋友得知老李认识某银行的经理后，便提出想让他从中帮忙，看能不能把这件事情给妥善解决。

老李见朋友找到了自己，马上翻出手机给某银行经理打了电话：“张经理，你好。我是上次和你在帝国大厦吃饭的老李……”

对方没有继续听，打断他：“等一会儿，你说你是谁？”老李赶紧停住，向对方详细地介绍了自己。结果对方回答他：“对不起，你打错电话了，我不认识你。”随后，“砰”的一声便挂断了电话。

老李傻眼了，明明之前聚会的时候，大家还说得好好的，说以后有事了打个电话一定“赴汤蹈火，在所不辞”。现在自己有事了，对方竟然说不认识自己了。

他接着给电话上的其他人打了电话，得到的回复也差不多，说什么不认识他，他打错电话了。

他这下才彻底明白过来，原来社交场合上认识的人，大多都只是逢场作戏，不能太当真。

这个社会，从来都讲究的是对等交换。很多时候，你能交到什么样的朋友，也许是因为你身上有他们需要的东西，也许是你们之前有着同样的共同点，彼此互相吸引。

心理学家邓巴经过研究发现，大脑认知能力限制了特别物种个体社交网络的规模。真正参与并影响我们生命的人不多，在20人到150人之间。

通过邓巴的研究，我们可以知道，并不是你认识越多的人越好，你只需要管理好你所认识的20人到150人，发挥他们的最大价值，那么你的人生一定会有意想不到的结果。

社交场合中，由于交往得不深，所以彼此了解得也不深。也许你们只是因为某个观点或者某个事情，有了共同触动点，你们才递换了名片，成为所谓的朋友，说了一些互相恭维、允诺的话。

但你仔细想想，自从你们分别后，对方有没有主动联系过你？当你有事联系对方时，对方是否有真心回应你，而不是找理由敷衍你，不把你放在心上？如果没有，那你还相信社交场合中的朋友是可靠的吗？

要记住，朋友是一笔宝贵的财富，但朋友要的是质量而不是数量。如果你想要交到真正的好朋友，那就要擦亮自己的眼睛，别总是见人就加微信，发名片，把他人拉入自己的朋友圈里来。

你即使和他们成了朋友，也只是没有质量、没有深厚感情的朋友。

与其这样，你还不如经营好自己，顺其自然地去接纳新朋友，同时和老朋友保持联系。这样一来，你的人际关系网才会稳固，遇事了才会有人帮助，平安喜乐地过好这一生。

二、人脉再好，你也要继续努力

不用怀疑，你认识的人越多，对你来说就有不少好处。但认识人多，只能说明你的人脉很好。你的人生该怎样过，还得要看你自己怎么努力。

人脉好，可以帮助你，但并不是你停止奋斗的理由。

蒋玲每次和朋友聊天，都会向别人吹嘘，说自己认识的朋友都很厉害，只要有他们在，她不管遇到什么难题，都会迎刃而解。

刚开始，朋友们都选择沉默不说话，见她吹嘘的次数多了，有朋友便问她:“你认识那么多朋友，有什么用？如果你自己遇到困难了，他们能帮你解决吗？”

蒋玲被朋友的话问懵了，她之前从来没有想过这个问题。她所认识的那些朋友都只是泛泛之交而已，如果自己有困难，要找他们帮忙，他们不一定会答应的。

有一次，蒋玲去云南旅游的途中，不小心把钱包弄丢了，她身无分文，找了好几个所谓的朋友借钱，结果没有一个人借给她。

最后她还是找爸妈要到了回家的车费，通过这件事，蒋玲才明白了朋友的话。

自己认识再多的人，关键时刻不一定会帮到自己。一个人要想过上好的生活，最终还得要自己有过人的能力才行。

我们每个人都希望自己能交到许多朋友，当自己求助的时候，还能指望朋友们能帮上忙。但朋友并没有义务无条件去帮你，他们就算帮你，也只能帮你一两次。

如果你自己不努力，总伸手向别人求救，时间久了，再好的朋友都会对你反感。想要什么，你就要自己去争取，不要企图通过别人帮你的方式来实现。

在你伸手求助的那一瞬间，你就已经输掉了自己的底气。

林艳是朋友圈中很受人羡慕，她常常出门旅游，在各地吃着美食，过着诗与远方的甜美生活。

她说她特别感激她的妈妈，她爸妈在她小的时候离了婚，她从小和妈妈一起生活。

妈妈教育她要学会自立自强，凡事不能总依赖别人，这让她在自己的人生路上受用无穷。

现在的林艳开了一家咖啡厅，通过自己的奋斗，28 岁的年纪，就已经过上了有车有房有存款的小资生活。

她的朋友很多，但不管遇到多大的困难，她都不轻易向朋友开口求助。许多朋友当着她的面告诉她："任何时候，无论任何事，只要你找到我们，我们一定挺身而出，尽最大的努力帮你。"

林艳听后，总会笑着回答："谢谢你们的好意，你们也不容易，不管遇到任何难题，我都会自己努力，凭自己的能力去克服的。实在不行了，我再找你们帮忙，到时候，你们可别不搭理我啊。"

林艳对每个朋友都真诚相待，她认为朋友是她一生的财富，她会好好珍惜，绝不会一有事情了就找朋友求助。

朋友们被林艳独立坚强的性格感染，与她一直保持着深厚的感情。

生活中，那些优秀的人往往都明白，只有自己变强大了，才有能力去改变自己的生活。他们即使目前的生活条件不好，也会通过自己的双手去努力奋斗。

而有的人，却总是喜欢混迹于各种各样的人际交往圈，希望能借此多结交到更多朋友，在自己有需要的时候，好方便请他们帮忙。

没有人欠你什么，你凭什么就认为别人非得要帮你呢？并不是他认识了你，就对你有求必应。世界是公平的，你想要什么，就要懂得自己去付出，去争取。

千万别拿人脉好，当成你不奋斗的理由，这只会让你误入歧途，得不偿失。

1. 人情如刀，越用越薄

社会是现实的，每个人都不容易，别人帮你一次是情分，不帮你是他的本分。不要以为你每次遇到困难了，都能够找人帮忙，次数多了你只会被拒绝。没有人欠你什么，他没有义务永远都出面帮你。

人情如刀，越用越薄。你找别人帮忙一次，你就欠了别人一次。要想不求人，你只能让自己变得强大起来。

2. 比你优秀的人都在默默努力

也许有时候，你会产生这样的错觉，觉得生活中那些成功人士，他们一定有着好的运气，所以他们才会获得成功。

其实，他们的成功并没有你想象中来得那么容易，只是你没有看到罢了。

事实上，许多优秀上的人都在默默坚持着努力。你不要被表面现象迷惑了，要想有好的人生，你应该向他们多多学习。

3. 人脉只是你的一项资源

有资源，好办事。谁不希望自己有着好的资源，能够呼风唤雨，做一切事情都顺风水分。

我们说人脉很重要，但并不意味着人脉是实现你人生梦想的决定因素。人脉，它只是一项资源。如果你本身没有实力，即使有再多的资源摆在你面前，你也发挥不了它的作用。

不要忽视了自身实力的重要性，当你有了过人的能力，好的人脉才能给你一个机会，帮助你获得更好的成绩。

在此之前，你必须要经营好自己，让自己变得很厉害才行。

4. 学会踏实做好自己

有好的人脉，能够锦上添花。如果没有，也没关系。只要你自己足够优秀，人脉自然也会来。

不要总想着去社交场合走动，给别人递名片，认识更多的人。你不优秀，别人即使认识你了，对他们来说没有任何好处，他们自然也不愿意为你所用。

与其这样，你还不如踏实做好自己该做的事情，等有一天你变得强大，人脉就不再是你担心的问题了。

平凡的我们，想认识更多的人，拥有更多的人脉，这本身并没有错。但社会是现实的，我们即使有好的人脉，也要自己有能力好好把握住才行。

三、懂得分享，你才能有意外收获

资源只有散播出去，才能被大家知道，它也才有了存在的价值。在现实生活中，不管是生活、工作还是学习，都离不开资源和消息的利用。

在人际交往中，你有什么好的资源，你无私地分享出去了，别人就会记得你的好，他也会把自己的资源和你分享，这样一来，你们之间就有了良性互动。

如果你把自己掌握的资源，据为己有，以为分享出去了，是让别人占了便宜而自己吃了亏，别人就会觉得你是个不懂得合作的人。那么，在生意场上，或者是交朋友方面，都会让你陷入孤家寡人的地步。因为没有人愿意和自私自利的人交往。

设想一下，如果朋友有事求助于你，刚好你又是这方面的专家，你只需稍微分享一下你的心得体会，给他做一点儿指导，对方的难题便能轻易化解。

对你来说也没有什么损失，但如果你不愿意分享，那么朋友可能会选择去找别人帮忙，以后遇到困难也不会再来找你，而当有一天你遇到问题向他求助时，他也许不那么热心了。

其实，分享是一件利人利己的事情。在人际交往中，许多人正是因为乐于分享，所以才结交了许多的朋友，获得了许多人的爱戴，同时，别人有什么资源，也会乐意跟你分享。

老杨是一家公司的经理，他不仅待人亲和，对每个人也很有礼貌。最难得是他还是一个乐于分享的人。因此，无论是公司的同事还是隔壁邻居，背地里都在记着他的好。

有一次周末，老杨和好友约好去郊外的河边钓鱼。他从清早8点一直在河边坐到晚上8点，终于钓到了一条8斤多重的大鱼。

朋友们都羡慕不已，说他运气真好。

大家都以为他会回家把鱼煮给家人吃，没想到他没有这样做。他把鱼煮了之后，分成了许多份。

打包分给了单位的同事，还给隔壁邻居分了些。这让朋友们大吃一惊，钓了一整天，好不容易钓到了一条，怎么就分给了别人吃呢？这是不是傻呀？

他没有过多解释，只是说快乐只有分享后，它才能叫作快乐。

后来，他女儿不幸生病住院，急需一笔昂贵的医药费来治疗。正当他为医药费苦恼的时候，邻居和同事们自发地为他捐了80多万，帮他渡过了难关。

他感动得说不出一句话来，而大家则笑着安慰他说，不要太在意，因为他是一个善良的人，大家只是略尽微薄之力而已。

分享是一种美德。爱分享的人，眼里没有自己，只有大家。他们认为，自己有不算什么，只有大家有才幸福。

也正是因为他们拥有这样无私的品德，所以身边的人总会被他们感动，愿意与他们交往，在他们遇到困难的时候，愿意挺身而出。

就像上面故事中的老杨一样，会散发光芒，得到别人的帮助。

你可能会说，现在是一个竞争激烈的社会。你把自己的资源无偿地分享出去了，就会被对手有机可乘，时机成熟了，会被对方做出伤害到自己的事情。

你错了，这里说的分享，指的是一些大家需要了解的信息，或者资源，并没有牵涉法律和相关的利益上面。

况且，现在的商业发展中不是也讲求合作分享吗？许多大公司之间，为了能开拓市场，都会选择与别的公司合作交流，这其中就会有分享合作的时候。

从小处来说，我们与人交流。有什么好的经验，说出来，大家坦诚交流，共同学习，才能知道自己有哪些不足，需要在哪些方面提高学习。

这也是分享的作用呀！

单位最近要出一个策划方案，老板要求写作功底强，让曾经在策划公司工作过的小高一起和同事们合作完成。

午休的时候，同事们聚在一起商量着该怎么写好这个策划。只有小高坐在电脑旁看他的新闻。

于是有人对他说："小高，你过来和我们一起讨论，给我们一点儿建议呗！"小高头也不抬地回答："我没有什么意见，你们怎么商量，之后怎么写就好了。"

见他不合作，同事们也没说什么。但他们也没受到影响，而是继续讨论，分享着各自的想法。

一周后，方案交了上去。

老板看后，很失望。他把小高叫到面前问道："你觉得这份策划方案存在哪些问题？"

小高于是指出一大堆问题，什么重点不详细，计划的可行性存在许多问题等情况。

老板打断他："既然你知道有这么多问题，为什么你当初没有提出来？"他听后沉默地低下了头。

事后，老板才知道从始至终，小高都没有和同事们一起合作，没有认真编写这份策划。

本来老板对小高很看好，打算让他担任部门空缺下来的秘书一职。因为这件事情的发生，老板改变了想法，选择了别人担任。

小高因为不懂得分享，错过了升职的机会。

和别人分享自己的经验，是一件很快乐的事情。如果你的经验对别人有用，即使别人不说什么，他也会在内心记住你说出的话，对你产生好感，无形中，也会为你带来好的机缘。如果小高懂得这个道理，那么升职的事情，也就水到渠成了。

只可惜，这个机会被他自己给丢掉了。

我们在人际交往中可别犯这个毛病，以为自己掌握的资源是宝，要藏着掖着，不把它毫无保留地分享出去。

这样做，会让你的路越走越窄。

我们要明白：很多时候，分享会让你得到更多。

1. 分享能为自己获得许多机会

当你把自己知道的有价值、有经验的东西分享出来后，会被需要的人珍惜，那很有可能是他们花了很久的时间都找不到的线索或者是知识。当他们知道是你分享后，作为回报，他们会有意或无意为你牵线搭桥，让你遇到更多机会，成就你的事业。

2. 分享本身是一件快乐的事情

你去哪里旅游了，你把图片分享出去；你读了一本书，你把心得分享出去，这都会让你的内心感受到分享的快乐，那是多少钱都买不到的一种体验。

3. 分享可以帮你结交到志同道合的人

你只有分享了，才会让别人了解你的世界，知道你喜欢什么，讨厌什么。时间久了，你会因此而遇到许多志同道合的人，然后和他们做快乐的事，共同享受美好的人生。

4. 分享可以帮助你获得更多信息

世界是联动的，每个人掌握的信息本就有限。你不经意的分享，会引起别人的好奇，也会让别人跟着分享。通过他们分享的信息，你会不经意间收获到你之前所不曾掌握的。

5. 分享会让你显得可爱，增加你的个人魅力

你心里在想什么，别人不知道。但当你分享出去后，别人会通过你分享的图片、视频、音乐从侧面了解你是一个什么样的人，从而加深对你的了解，甚至改变之前对你不好的印象。

6. 分享能减轻你的压力，增加你的社会援助

当你遇到困难了，或者遇到烦心事了，你可以它分享到网上。有人看到了，会给你提供帮助，帮你渡过难关。比如大家知道的朋友圈“众筹”模式，本质上便是一种分享。

有人说：人们因为分享，而变得亲密。

是的，人际交往中的分享，不是一件小的事情，你应该引起重视。因为会分享的人，是一个有格局的人。

分享，它不仅可以打开你的世界，增加你和他人的感情。还能让你学会沟通，学会合作，最后遇到一些美好的人和事，开启你的美好人生。

四、记住，别去揭穿他人话中的谎言

我们与人交流，都希望彼此能够敞开心扉，没有隐藏地说出内心最真实的想法，这样的沟通才能让双方知道彼此的交流有没有达到目的，从而方便下一步的计划。

哪里不懂，你提出来，对方有针对性地讲解，你才能弄明白事情的真相。尤其是在生意合作中，坦诚的交流显得无比重要。

不过，在人际交往中，有些时候沟通也需要技巧。什么话该说，什么话不该说，以及什么话该用什么方式去说，都是有讲究的。

最明显的一点就是，在与他人谈话中，不可随意揭穿他人话中的谎言。

所谓他人话中的谎言，就是我们在人际交往会看到这样的现象：基于种种原因，有些人会说一些谎话。聪明的人会选择假装没听到，不去揭穿。

为什么不能去揭穿他人话中的谎言呢？

罗豪是一名大二的学生，暑假的时候，他应聘到一家超市做暑假工。做临时促销员，卖糖果。

他是一个老实的人，说话比较直，总是想到什么便脱口而出。往往得罪了人还不知道是怎么回事。也正是因为这一个缺点，他的朋友很少。

没想到，他来超市上班一个月了，只卖出很少的糖果。

经理感到好奇，亲自到现场看了他的销售后，才明白是怎么一回事。

有一次，一位女士抱着一个五六岁的小女孩走到了罗豪的面前，小女孩盯着五颜六色糖果就不肯走了。

罗豪微笑着对女士说：“孩子想要糖，阿姨你就给她买一桶嘛。刚好我们这里在打折促销，现在买还很划算。”

女士看了一下怀里的孩子，对她说：“宝贝，你不能再吃糖了，你的牙齿都变黄了，再吃会更黄的。”

小女孩看了看眼前的糖果，眨了下眼睛，阿姨便转身，迈出脚步准备离开。罗豪迅速冲上去，说：“阿姨，你撒谎，她的牙齿明明很白，哪里黄了？你可以给她买糖的！”

女士被罗豪吓了一跳，她怀里的孩子听到罗豪的话后，便嚷着说：“妈妈，我要买糖，哥哥都说可以买的。”

女士愣在原地，尴尬得不知道怎么办才好。她想了下，安慰孩子道：“糖吃多了，会长蛀牙，到时候你牙齿就不好看了，会被小朋友笑话的。”

没等女士说完，罗豪就甩出去一句话：“阿姨，你是不是不想给孩子买糖呀，不想买你就直接说，为什么要找这么多理由呢？”

女士听后，对着罗豪大吼：“你这个销售员怎么回事？会不会说话，我买不买，是我的自由，你难道还想强迫我买不成！”

经理看不下去了，从背后站出来，赶紧赔礼道歉。一阵安抚后，女士才抱着孩子离开。

做一名销售员，要学会看顾客的脸色说话。只有服务好了顾客，顾客才会买自己的产品。这其中，说话的技巧就显得尤为重要。

罗豪说的虽然是真话，但却把顾客的自尊心给伤到了。他自以为聪明地揭穿了顾客的谎言，殊不知，这样的揭穿伤害到了顾客，不仅失去一笔订单，甚至连工作也丢掉了。

如果罗豪懂得不揭穿别人话中的谎言，采取其他方式去与那名女士交流，也许他也可以轻易地就卖出一桶糖果。

我们从小接受的教育，是要见人说真话，如果不说真话，会被说成是不诚实。但有时候，你说真话，就意味要去揭穿他人的谎言，反而会伤害到别人。

很多时候，在不同场合，为了交流的需要，我们会选择说一些无伤大雅的谎言来缓解局面，促进交流。

童雨和好友周琳去拜访一个老人。

老人的书房有一幅山水画，他没事就会在画前停留。童雨看到后，就问："爷爷，这是哪个画家的画，怎么画得如此好看？"

老人笑着回答："孩子，这是北宋画家王希孟的《千里江山图》，你看上面的水榭亭台，茅庵草舍是不是很有特点呀！"

童雨点点头，说自己还从来没见过这么漂亮的画，希望老人能多讲讲。接着，老人便拉着童雨的手，认真地讲了起来。

一直站在旁边的周琳看到这一幕后，惊呆了。童雨从小学习画画，多次参加全国美术比赛获奖，她前几天还讲起过《千里江山图》，怎么现在说自己没看过，不是在撒谎吗？

但她看到爷爷和童雨聊得很开心，没有站出来揭穿。后来，爷爷还留她们在家吃晚饭，离开的时候还分别送了他们一幅画。

周琳看到礼物后，才恍然明白适当撒谎也是一种交流技巧，也庆幸自己没有揭穿。

撒谎本身是不对的，但具体问题得具体分析。在一些场合，撒一些适当的谎，能够促进谈话双方的聊天兴致，让一场交流顺利进行。

比如，在聚会中，有些人会为了促进气氛，说一些增进聊天气氛的小谎言。

这样的谎言，并没有什么伤害，是不需要去揭穿的。倘若你非得较劲去揭穿的话，反而会让说话的人很尴尬，也会让别人觉得你这个人很无趣，以后有什么话也不会对你全部说出来。无形中，你会被列入不可合作或者不能进一步交流的人，这对你来说是得不偿失的。

人际交往是一种微妙的关系，你想成为人际交往高手，就得学会注意：看破但不说破。

为什么要这样做呢？原因有以下几个方面。

1. 谎言是人际交往的调味剂

在谈话内容中适当加一些谎言，会让听的人产生兴趣。也会拉近交流双方的距离，彼此迅速能找到话题，说到一起去。

2. 揭穿谎言是一种伤害别人的行为

每个人都有自尊心，你当众揭穿别人的谎言，只会让他在大庭广之下下不了台，即使表面不说什么，在内心深处也会记恨你。与其这样，还不如选择沉默。

3. 适当老实是真诚，过度老实是傻瓜

生活中本就真假难分，有时候不点破是一种尊重，也是一种智慧。当你藏不住话，什么话都老实地说出来，会让人觉得你情商不高。

4. 别管他人怎样说话，做好自己就好

人际交往中，你是怎样的一个人，别人会看在眼里。你一时心直口快，揭穿了他人的谎言，那么结果就会让你和对方都落入不愉快的情绪中，你完全是在费力不讨好。

5. 情商高的人从来不会损害他人的面子

要想成为人际交往高手，就得学会照顾他人的面子，知道怎样说话才不会伤害到他人的自尊心。这方面，我们可以向情商高的人学习，他们无论遇到什么情况，都不会随便揭穿他人的谎言。用“牺牲他人，成全自己”的方式来交往，是他们最不屑做的事情。

在人际交往中，我们每个人都喜欢和那些说话做事让我们感到舒服的人交流，而如果你只知道一味地去揭穿别人话中的谎言，还自以为这样了不起，让别人不舒服，时间久了，谁还愿意和你做朋友呢？

醒醒吧，别再犯这个毛病了，如果你想成为人际交往高手的话！

五、真正优秀的人，都是喜欢独处的人

生活中有这样的现象，有的人看起来不喜欢与人接触，无论做什么，都喜欢独来独往，活在自己的世界里。他毫不起眼，一度让我们忽略了他们的存在。

可突然有一天，他突然就取得了某方面的成就，让曾经不怎么看好他的人瞠目结舌，对他刮目相看。一个并不出色的人为何会突然间变得这么优秀呢？

也许你已经想到了，他可能是：不在沉默中灭亡，就在沉默中爆发。在那些平淡无奇的日子里，他只是在韬光养晦，积攒实力而已。

其实，只要你认真观察生活，你会发现这样一个规律：真正优秀的人，往往都是喜欢独处的。

独处，看似是与世隔绝，逃避人群。实际上是一种修养，更是一种智慧。《大学》里有这样的一句话：大学之道，知止而后有定，定而后能静，静而后能安，安而后能虑，虑而后能得。

这告诉了我们安静的力量。喜欢独处的人不喜欢喧闹的场所，所以他们常常不爱参加过多的社交活动。相反，他们喜欢宅在家里，做自己喜欢的事情。

因为没有外界的干扰，他们常常能够在独处时光里享受到快乐，并做出令人瞩目的成绩。

赵宇在朋友圈里是公认的喜欢独处，大学期间，他很少参加班上的活动，也很少和班上的同学交流。

同寝室的室友约他周末去网吧打游戏，或者去 KTV 唱歌的时候他都摇头拒绝。拿着书，在图书馆一坐就是一天。

由于他不爱讲话，也不怎么表现。所以大家对他的印象，就是一个不合群的书呆子，没什么过人之处。

可后来发生的事情让同学们惊呆了。

大三那年，学校举行校园十佳歌手大赛，赵宇竟然参加了比赛，完美地演唱了周杰伦的《烟花易冷》，获得了全场最高分，夺得了冠军。

之后在学校的演讲比赛以及辩论比赛中，他都取得了好成绩。同学们这才明白过来，赵宇并非是一个不合群的人，实际上他还很优秀。

毕业一年后，赵宇出版了一本自己的书。同学们更是惊诧不已，有人不解地问他："你以前为什么总是喜欢独处呢？"

赵宇回答说："相比和大家疯闹，浪费时间。我更喜欢静下来，读书写字，悠然自得地活在自己的世界。"

像赵宇这样的人，并不少见。他们不喜欢在人群里过多地表现，而是安静地躲在自己的世界里。当他们没有动静的时候，你觉得他们毫不起眼，当他们取得成绩，闪闪发光时，你才明白，原来他们无比的优秀。

为什么会有这样奇怪的现象？

有句话说："孤独是一个人的狂欢，狂欢是一群人的孤独。"喜欢独处的人，有着强大的内心。他们只有在独处的时候，才是真正的自己，可以随心所欲，也可以自我沉醉。

研究表明，喜欢独处的人往往很优秀。

独处激发出他们的潜能，心无旁骛地去做自己的事情。一旦把他们放到社交活动中，他们反而会觉得浑身不自在。

社交活动中，那些热衷交往的人，往往是平庸的人，他们喜欢活跃在人群里，抱着在优秀的人面前混个脸熟，认识一下他们，以后遇到困难向他们求助时，他们才会愿意帮助自己一把的心态。

但他们没有弄明白，人际交往本质上是一种等价交往。你对别人来说有可以利用的资源和价值，别人才会愿意来结交你。

如果你是一个文盲，从来没有念过书，你却想和一个大学教授做朋友，你和他没有交流的话题，也没有合作的契机，你觉得他会愿意把你当真心的好朋友吗?

不，社会是现实的。现实的人际交往，更追求利益交换。很多时候，没有利益的关联，就没有交往的可能。在你没有过人的本领前，先磨炼好自己的实力，等羽翼丰满了，再去与人对等交往，才是你明智的选择。

28岁的程辉是一家公司的部门经理，他喜欢独处。每个周末都会宅在家里看书，单位组织的活动很少参与。

有一次五一黄金周放假，同事们邀请他去旅游，他想也没有想便拒绝了。妻子不理解，公司好不容易放假了，丈夫完全可以和同事们一起旅游，既可以放松身体又可以和同事处好关系，是一件两全其美的事情。为什么不去呢?

程辉解释说："旅游虽然是有好处，但团队旅游的话很不自在，遇到喜欢的景点想停下来多观赏一段时间，还要考虑到别人的感受，玩起来也不愉快，何况和同事也没有共同话题，还不如在家看书轻松自在。"

妻子问他："那你为什么总是喜欢独处呢？一个人活在人群中才有色彩呀！"

程辉放下手里的书，认真地回答道："谁说活在人群才有色彩的？其实活在自己的世界也很好呢！

"当我在家时，我可以安静地做自己想做的事情。不用担心和别人说话的问题，比如什么话该说，什么话不该说。我有更多的时间和精力用在我喜欢的事情上，不是一种享受吗？"

妻子听后没有反驳，她明白丈夫是个与众不同的人，不然怎么年纪轻轻就当上了公司的经理呢。

喜欢独处的人，是有定力的。当你能好好利用它时，你会发现时间一长，它会给你带来意想不到的收获。

1. 独处能更好地读懂自己

现代社会是一个浮躁的社会，随着生活节奏的加快，生活在都市的我们很容易陷入疲惫迷茫。

若你不懂得调节，你便会时常感到无助和困惑，你会反复质问，那么拼命工作，究竟是为了什么？

但是，如果你懂得独处的话，这样的问题就不会影响到你。因为独处的时候，你的心可以静下来。

你可以和自己对话，什么是你想要的，什么是你不想要的？

通过这样的沉思，你的心得到净化，浮躁的思绪也会慢慢消散。

2. 独处能更好地提升自己

一个人的时候，时间仿佛停止了下来，你会面对真实的自己，也更加能集中精力投入到你所要做的事情上。如果你是个上进的人，想要提升自己，那么你完全可以利用独处的时光来进行。

比如：你想要成为一名画家。那你可以提前买好画画的材料，在周末或者空闲的时候，静下来认真练习。

你会发现，你的时间没有被辜负，你同时也享受到了一段静谧又愉悦的时光。

3. 独处能更好地改变修养

社交场合中，许多人总是倾向于把自己介绍给别人，获得别人的兴趣，好和对方迅速成为朋友。他们往往表现得急功近利，充满了商人的市侩感，让人不能发自内心地升起敬重的心理。

喜欢独处的人则不一样，由于他们长期独处，他们往往褪掉了身上的浮躁气，与人交流时，他们多了几分淡定和安静。

他们更容易有一颗包容和安静的心，他们会慢条斯理地和别人交流，给人一副知书识礼、温文儒雅的形象。

相比普通人来说，独处的人更能够拥有好的修养。

与他人交往，本质上来说是为了能够成就自己，更好地面对当下的生活。但人际交往并不只是简单地去和别人说话那么简单，它还是一个人能力、知识、涵养的综合体现。

要想有良好的社交水平，光会说话还不够，你还得学会独处这门能力，让它在无形中帮助你成长，增加你的魅力，从而让你在人际交往中更加游刃有余。

六、洞察对方所需，让他人对你刮目相看

很多时候，我们都希望能够遇到一个懂我们的人。希望他能够懂得我们的滔滔不绝，也能够懂得我们的欲言又止。这样我们与他交流的话，就会有一种遇到了知音一般的幸福。

在人际交往中，谁是一个懂得他人所需，具有极强洞察力的人，他就一定会成为受大家喜欢的对象。

这样的人，能够看清形势，在面对他人的时候，知道该用什么方式去与别人交流，知道什么话该说什么话不该说，是一个会察言观色，会“来事”的人。

为什么会出现这样的情况呢？这主要是因为洞察力在起作用。百度百科上是这样定义的，所谓洞察力，是指深入事物或问题的能力，是人通过表面现象精确判断出背后本质的能力。

而心理学家弗洛伊德认为，洞察力就是变无意识为有意识，即透过现象看本质，用心理学的原理和视角来归纳总结人的行为表现，做到察言观色。

对每个人来说，我们都愿意与聪明的人交往，而不是和一个愚笨的人去交往。毫无疑问，洞察力强的人，自然就是人们眼中聪明的人。

罗维说每次和好友朱莉逛街，她都会非常开心。因为朱莉是朋友圈公认的洞察力很强的人，只要和她在一起，自己就会充满了安

全感。

周末的时候，罗维和朱莉看完电影。在回家的路上，她们看到一个16岁左右的女孩子，穿着校服，在天桥上低着头蹲着。她的面前放着一张纸，上面写了一行字：求好心人，给5元钱买个馒头、包子吃吧，顺便再给2元钱坐车回家，谢谢！

天桥上人来人往，没有一个人停下来看这个需要帮助的女孩。罗维迅速跑上去，掏出100元纸币，正打算给求助的女孩。

好友朱莉阻止了她，把她拉倒一边，问她："你要干吗呀？你别告诉我，你同情那个女孩，要捐钱给她吧？"

罗维点点头："是呀！你没看到她需要帮助吗？只是100元钱，能解决她的燃眉之急就好了！"

"你别傻了，她是在行骗。你这样是在放纵骗子，而不是在帮她！"罗维被好友的话吓了一跳，"这个女孩真的是骗人的？"

朱莉见她不相信，回答道："第一，这个女孩的手很白皙，衣服也穿得很干净，说明她的生活过得不错；第二，她既然是需要帮助，为什么她还会左右乱看，甚至还会自己偷笑，很显然她是在装穷，利用人们的同情心来骗钱。"

罗维听好友说完，回头看了一下那名求助的女孩，发现她果然会不时地朝周围观看，甚至还会悄悄微笑。

过了一会儿，有个大叔给了女孩10元钱，没想到她连句"谢谢"都不说，也没有拿着钱就走，而是继续留在原地乞讨。

朱莉说："现在你相信了吧，如果她不是骗子的话，10元钱已经够她买包子吃，顺便坐车回家了。但是她却并没有走人。"

罗维羞愧地低下了头，要不是有好友朱莉的提醒，她今天很可能就做了傻事，被骗子骗走了100元钱。还好事情没有发生，自己躲过了这一劫。

洞察力强的人，不会被表面现象迷惑。他们有一双善于发现的眼睛，知道什么是真什么是假。与他们在一起，你会觉得他们知道你在想什么，能够随时照顾你，让你感受到他们的温暖。

人际交往中，最怕的就是遇到这样的人：你和他说话的时候，他和你较真，你说东他偏说西。当你有委屈和难言之隐时，他非抓住你的伤疤在你伤口上撒盐，他才甘心。你和他交流，从来都不在一个频率上。甚至你和他合作，都没有顺利过，反而让你见识了“不怕神一样的敌人，就怕猪一样的队友”这句话的含义。

但当你和洞察力强的人交往时，你会发现，你们之间说话是一件很轻松的事情，你说什么他懂，他说什么你也乐意听。

你们有什么需要合作的时候，总能一拍即合，往往还能有意想不到的效果。完全刷新了你对合作的认识。

林珊是一个情商很高的人，每次不管是同学聚会，还是好友聚会，她都是大家的开心果。只要有她在场，每个人都会笑得合不拢嘴。

大家对她的评价很高，觉得她不仅会说话，而且还会察言观色，照顾到每一个人的情绪，是一个如春风般温暖的人。

30多年没一起出去旅游的小学同学们商量着去泰国旅游，林珊被推举为联络人，负责做好每个人的出行前工作。

正当她把全班同学56个人的飞机票定好，即将准备出发时，好姐妹安瑶却提出了放弃旅游的打算。

安瑶离婚多年，她很少出门旅游。这次出去，是大家一个月前聚餐时就说好了的，一个都不能少。她突然说不去了，这让大家都很着急。

林珊知道这个情况后立即给安瑶了打了电话。

原来，安瑶患有糖尿病，如果她出国旅游的话，必须每天都得打胰岛素，而胰岛素需要在冰箱里保存，出门旅游会很不方便，加上她对饮食也与别人不同，她担心和同学们去旅游只会拖累大家。

林珊思考了一下，问安瑶："那我们能不能一起想想其他办法来解决这个难题呢？既保证你能每天打胰岛素，又能兼顾你和大家的饮食。"

安瑶摇摇头，回答说："不行啊，最近几天，我常常会突然发生低血糖症状，如果坚持去旅行的话，可能路上也会发生，到时候去找医院治疗就麻烦了，也会影响大家旅行的兴致。"

林珊这下彻底明白了安瑶不去旅行的真实原因：她不是不想去，而是因为身体原因，怕影响大家才不去的。

林珊把事情的真相转告给其他同学，同时还告诉安瑶："你不能去很遗憾，但你放心，我们到了之后会多拍照片给你，就当替你去旅游了。你好好照顾身体，情况允许的话，下次我们再去。我们等你！"

安瑶感动得流下了泪水，同学们也对林珊的回答表示赞同。大家又恢复了往日里在微信群里聊天的融洽氛围，没有因为安瑶不去旅行的事受到影响。

不管在什么场合，会说话会做事的人，总会得到别人的青睐。因为他们总能设身处地为别人着想，能处理许多突发的状况，也能完美地化解意想不到的尴尬。

我们每个人在与他人交往中，都希望得到他人的照顾。这样我们才会觉得别人心里有我们，是把我们当朋友看待的。

而人际交往中，只有洞察力强的人才能做到这点。他们见多识广，能透过别人的言行举止，便知道他内心在想什么，需要什么。从而能随时调整自己的思维，做出理智又正确的回应。

只要你能遵照下面的方法，你也能变成洞察力强的人。

1. 学会用自己的思维辩证客观地看待问题

看问题的角度不一样，得到的结论也就不一样。遇到一件事情时，不能人云亦云。而是要学会通过大脑去思考，得出自己的答案。

2. 学会不戴有色眼镜地看人

每个人都有自己的优点和缺点，你只有多接触各类人群，你才能从他们身上学到许多道理。在此之前，你要做的就是，敞开心扉以包容的心态面对每个人，与他们真诚友好地相处。这样时间久了，你自然能有所进步。

3. 学会培养发现新事物的眼光

只有学会发现问题、总结问题，你的思维能力才能得到提升。在生活中，你需要培养发现新事物的眼光，比如你可以试着去看私人电影，去喝露天咖啡，去山顶露营看日出。

4. 学会总结归纳自己的各种发现

做一个细心的人，才能成为洞察力强的人。因此，生活中你得学会观察总结，比如穿红色衣服的人有着什么样的性格特征；鼻子尖的人有什么样的性格；除了晓之以理外还有什么方法能说服别人。等你总结的知识越多，并且合理利用时，你就会发现自己的洞察力增强了。

5. 学会站在别人的角度去想问题，思考他有着什么样的内心世界

与人交往，最重要的就是“急人之所急，需人之所需”。你只有做到换位思考，把自己当别人一样去思考，你才能理解别人真正需要什么，你又能为此做些什么。

要想一下子成为洞察力高手，是一件很困难的事情。但你只要按着上面的方法去长时间地练习，你就有可能成为洞察力高手。

当然，你也可以自己总结出适合自己的方法。最重要的是，你必须明白：你只有说话做事让人觉得漂亮，别人才会愿意与你交往。

而最简单的方法就是，从练习洞察力开始。

七、为什么交际中要不扬自己，不贬他人

良好的人际关系，会让我们的家庭关系、邻里关系、朋友关系等各种关系都处于和谐愉快的氛围中，让我们感觉到生活的美好。

但现实中却又有这样的一些人，他们在与人交往过程中，总是爱表扬自己如何如何的优秀，贬低他人如何的不好，让与他相处的人觉得他不近人情，说话没有人情味，是一个不值得交往的人。

时间久了，他身边认识的人都离他远去，他成了没有人愿意接触的人。

事实上，在当今社会，谁都不傻。别人愿意与你交往，是因为觉得和你有缘，与你聊得来，说什么都能说到一起去，与你相处是一件愉快的事情。

但如果你在谈话中，总爱夸自己而贬低他人，一副全天下就你了不起的样子，你这么狂妄，别人都不入你的法眼，那么试问，谁还愿意与你交往？谁又愿意自讨没趣地去和你交往呢？

程樱所在的团队，最近在公司的销售活动中圆满完成了任务。主管很高兴，自掏钱包，请所有人去市里最豪华的餐厅吃一顿。

吃完饭后，程樱不禁说起了主管的好话。没想到同事杨雯立即打断了她的话："你错了，她哪里是一个大方的人啊！其实她抠门得很，听说她和别人聚会，都从来不掏钱，每次都是别人请客的！"

程樱不解地问："可这次是主管她亲自请的客呀？"杨雯听后笑了笑，"哪里呀，你太天真了。肯定是公司经理发给她的钱，她一个'铁公鸡'怎么可能掏钱出来呢？"

虽然内心有疑问，但看杨雯这么坚定地说话，程英没有再说什么，后来她和同事们接触久了，才知道事情的真相。

原来，杨雯是一个喜欢背地里乱嚼舌根的人。不论是谁，她都喜欢在背后说别人的坏话，显得自己"打假"成功，是一个很厉害的人。

也正是她有这个乱说话的毛病，公司里不少人把她拉入了黑名单，没有人愿意和她深入地交流。

背后说别人的不是，是很不道德的行为。真正会判断是非的人，不会轻易相信你的话，他们自己有眼睛，会选择理智地选择什么才是真实。

心理学家认为，喜欢贬低他人的人，往往是他的虚荣心和自卑心在作祟。

其实，在贬低他人的时候，自己心里是舒服了，但事实的真相真的是你说的那样吗？而且听的人，会认同你的话吗？会觉得你说的都是真的吗？

别人优秀，我们可以欣赏和学习，但蒙上自己的双眼，还企图颠倒事情的真相，用贬低的方式来拉低自己的胸怀，可不是一个君子所为。

在人际交往中，这样的人，是不会被人接纳的。

老蔡没事的时候，喜欢把单位同事拉到一起，说自己的传奇故事。在他的那些故事里，总把自己说得很优秀。

比如他常说："你们知道吗？我这一生，虽然只有短短几十年，但我走过的路和遇到的事呀，简直多了去了！今天，我就和你们摆谈摆谈。在我读高中和大学的时候，追我的女生可以说是一车又一车，一个街道都排不完呢！呵呵，谁叫我长得如此英俊又有才华。就连后来结婚了，每次出去旅游，艳遇都不少呢！"

说完这些后，他通常会帅气地摸摸自己额头上的几缕刘海，然后摆出一副自以为帅气的造型。同事们听多了，也见怪不怪了。

有一次，一个不识趣的后生，冷不丁地朝他顶了一句："那你这么优秀，怎么嫂子长得不咋地，不见有倾国倾城的美貌呀？"

老蔡被这话吓一跳，沉默了一会儿，有些尴尬地回答："男人嘛！娶老婆和谈恋爱是不一样的，要娶一个长得不好的妻子安守家庭后院才行呢！"

这时，有人在背后里有人小声说："这个老蔡，明明是长得不咋样，还装什么'帅锅'，也真是能吹牛的呀！"

其实大家都知道，年轻时候的老蔡长得也并不好，单位的墙上还挂着他的相片呢！只是大家都不愿说出来而已。

单位上真有什么事情，也没人愿意找他，因为他在工作也没什么能力，整天就好吃懒做，爱吹牛，获取可怜的存在感而已！

自我表扬的人，往往是以自我为中心，他们看不到别人的好，只觉得自己很优秀，是一种鼠目寸光的心态。

其实，每个人心里都有个称，如果你总是在人前去浮夸地说自己的好，只会让人觉得你除了爱作秀外，没有什么本事。

因为真正有本事的人，从来都是低调地行事。他们会用实际行动证明自己的能力，而不是靠一张嘴去诉说。

再说了，你说得那么多，别人一看事实不是那么回事，丢脸的还不是你自己？

聪明的人，是不会贬低他人而表扬自己的，他们明白：默默做自己的事情就好。

心理学家们经过研究得出结论，在人际交往中，拥有好人缘的人往往有下面这些特点：乐观、聪明、真诚，有幽默感；而那些在人际交往中不太受人欢迎的人则是：自私、孤傲、自我为中心、虚伪自卑。

如果你想有好的有人缘，那么就一定要参照上面的特点，好好调整。不贬低他人，不表扬自己。

因为你需要明白：

1. 贬低他人会让你树敌，成为孤家寡人

每个人都喜欢被客观公正地看待，当你在背后贬低他人，不仅会让同伴觉得你说话欠考虑，是个说话刻薄的人，同时，一旦被当事人听到，他也不会对你投来好眼色，把你当朋友。

2. 学会用平等的心态看问题

不管别人优秀与否，你都没有资格胡乱评论。因为别人有过什么样的人生，走过什么的样路，你知道的并不比当事人多。与其花时间贬低别人，还不如花时间提高自己，去做些有意义的事情。

3. 贬低他人，是在侮辱自己

在你没有贬低别人之前，可能别人还会对你有好感。可从你开始贬低他人起，就已经落下你是个喜欢说他人闲话的人。这只会降低你在他人心中的美好形象，甚至是侮辱了你的人格。

4. 低调是一种美德，会获得别人的尊重

如果你有才华和能力，群众的眼睛是雪亮的。他们会通过你生活中的点滴来综合评价你，你不去自我表扬，会让他们认为你谦虚，低调，对你肃然起敬。

5. 人外有人，天外有天，你只有谦虚才能进步

喜欢自我表扬的人，往往抱着自己博学多才的心态去显摆。这只会让你骄傲自满，看不到自身的缺点和进步的空间。如果真想变成优秀的人，那就得学会低调，而不是张扬。

6. 彼此尊重，彼此交流是一种涵养

喜欢贬低他人和自我表扬的人，都是一种目中无人，他们不懂得彼此交流、彼此尊重的道理。要知道你只有放低姿态，才能听得进别人的话，和他人愉快交流。

这是个交往的社会，而交往，自然就离不开说话。那么，要想取得好的沟通效果，你就得学会放下自我，以包容和学习的心态去与他人交流，从而找到谁是你可以共事和学习的人。你也才能知道，朋友是通过彼此真诚交流相处，慢慢建立起来的。

在人际交往中，要想取得良好的人际关系，就要明白说话做事让人喜欢的道理，切不可胡乱说话，让你的人生路处处受阻，导致最后没有人愿意与你相处。

为此，你千万得记住：人际交往中，不扬自己不贬他人的道理。

第　四　章

掌握处世智慧，搭建好你的人际关系

一、与他人交流，切忌钻牛角尖

会聊天的人，总会给人愉快、舒服的美好体验。而不会聊天的人，往往会让人觉得与其讲话是浪费精神、浪费时间。可想而知，这样的人，交际水平也不会好到哪里去。

要怎样才算是一个会聊天的人呢？

我们可以从不钻牛角尖这方面来考量。因为从某种程度上来说，不钻牛角尖的人，是一个懂得聊天艺术的人。

蒋月是一个爱钻牛角尖的人，每个认识他的人都觉得和他交流起来是一件非常痛苦的事情。本来很简单明了的一件事情，都会被他弄得很复杂。

刚开始大家还会耐心地回答他的问题，但最后都会被他“打破砂锅问到底的”执着精神给惹怒。

有一次，他准备去上海旅游。同事出于好心，帮他做了一份旅游攻略。上面吃饭、住宿、交通等问题都详细地解释清楚了，只要认真看都能看明白。

蒋月看了半天，问同事道：“你这份攻略是你自己做的吗？可靠性高吗？会不会出现不准确的地方？”

同事听后耐心地回答，说是自己做的，自己以前在上海生活了十多年，基本上不会有错，如果有不对的地方，到时问问当地人就可以了。

蒋月又问道："那要是当地人也不知道怎么办？还有，这上面标注的真的是很准确的吗？会不会让我出现迷路的情况？"

同事保持沉默，没有说话。可蒋月紧追不放，接着又滔滔不绝地问了许多问题。

不堪其扰的同事只好对他说："对不起，蒋月，我的攻略帮不了你，我也无法回答你的问题。请你找别人吧，再见！"

看着走远的同事，蒋月还站在原地不明白是怎么回事。

我们每个人与他人沟通的时候，都会有不理解、有疑惑的地方。这时候，你希望你提出来后，得到别人的解释，这是一件很正常的事情。

但是，这并不代表你可以就细枝末节，毫无必要的问题，问个没完没完了。因为别人的时间很宝贵，你这样打破砂锅问到底的方式，是属于钻牛角尖，次数多了会让别人对你产生厌烦的情绪。

有不懂的地方，你可以私底下花时间去做做功课，把自己想要的答案通过自己的方式给找出来。

要记住，用钻牛角尖的方式去折磨别人，只会让人看不起你。没有人有义务和责任去帮你解决所有的事情，遇到问题了，你需要学会自己去处理。

林杰今年大四了，想要继续考研究生。可该怎样选择学校和复习，他完全不知道。他找到了正在读研究生的表姐求助。

表姐推荐了几所学校给他，并给了他许多复习的宝贵建议。林杰听完表姐的话后，心里还是没有底。

他担心地问表姐："我到复试的时候，导师会不会歧视我只是个二本毕业的学士呀？"

表姐安慰他尽管专心复习面对初试，只要自己初试分数够高，进入了目标院校的复试环节，导师都会公平对待的，并不会歧视本科的背景情况。

林杰又说："如果我一志愿的目标院校没考上，调剂的时候会好调剂吗？其他学校也不会歧视二本毕业的学生吗？复试的时候好复试吗？题会不会很难？"

表姐被林杰的话给激怒了："你怎么这么爱钻牛角尖呢？到底还考不考研了？你现在需要关心的只是你研究生初试问题，如果你通过初试了再去考虑复试的问题。为什么非得纠结那些还没有到来的问题呢？"

林杰被表姐给点醒了：是呀，自己都还没复习，不应该把精力花在那些自己设想的事情上，只要自己努力了，通过初试了，那么复试也一定会通过。

经过一番刻苦学习，林杰最终如愿考上了研究生。

钻牛角尖，本身就是一种错误的行为。它让你忽略了事情的本质，让你陷入一个思维的死循环里走不出来，也把与你交流的人带入一个死循环的怪圈里。

与人交流，脑筋要灵活。要带着思考的习惯去交流，别人和你说的话是什么意思，你该用什么样的方式去表达出来，别人才能够理解你在说什么。

你只有用这样带着目的，带着思考的方式去交流，才会让对方觉得你是一个能愉快聊天的人。如果你不假思索，想说什么就说什么，而不自己动脑筋，那交流就很难正常进行下去。

因为你总有许多话要去问别人，而且问个没完没了，你这样很容易给别人留下爱钻牛角尖，难以沟通的印象。请问，谁还愿意和你交流下去呢？

如果你想成为交际高手，那就请试着从改变钻牛角尖这个坏习惯开始努力。

1. 学会多方面看待同一个问题

你之所以爱钻牛角尖，往往是因为你思维单一，看问题总是喜欢从一个角度去看待，从而得到一个答案。其实，你完全可以学会用多种角度去看待问题。

比如，雪化了是水，这是从物理现象来看的。但当你换个思路，从四季变化情况来看，你会得出“雪化了是春天”的答案。这两种看法都没错，只是角度不一样而已。

2. 学会调节自己的情绪

与人沟通的时候，情绪是很重要的。当你抱着消极的情绪去沟通的时候，很容易陷入偏执、不理智的现象里去。这时候，不管别人说得对与错，你都会想方设法找理由去和对方辩个你死我活。

其实，这是一种很幼稚的行为。因为事情的真相就摆在那里，不是你胡乱狡辩就能改变的。你需要的只是调节好自己的情绪，用理智的状态去和对方友好地交流。

3. 不要去逞口舌之能

爱钻牛角尖的人，往往是爱争辩的人。他们总以为自己很聪明，能够发现别人话里的漏洞，然后用自己的理解去和对方争论，希望把对方说到哑口无言才好。

真正聪明的人，从来不会花时间去与他人争论。他们奉行着这样一个原则：如果你是对的，我赞成你。如果你是错的，我理解你。

既然你是对的，又何必用争论的方式去让别人认可你呢？即使你辩赢了，别人也只是会口服心不服。

4. 把注意力多集中到谈话的内容上来

你与别人谈论了什么内容，你想要达到什么目的，这才是你们交流的根本。你千万不要想着去为了验证对方话里的逻辑和小毛病，而选择去钻牛角尖。

把时间花在不必要的事情上，是一件很不理智的行为，因为到最后受伤害的只会是你自己。

5. 别总是抓着一件小事不放

如果你在与人交流的时候，因为对方的用词或是语气而感到心情不愉快，你需要学会用包容的心态去面对，而不是抓着这件小事不放。

拥有成熟和包容的品质，是我们每个人都应该具备的。不必要的事情，以及不值得一提的小事，我们完全应该一笑而过，没必要过于纠结。

你不愿意放过一件小事，其实是不愿意放过自己。

6. 多与大气开朗的人交往

大气的人，遇到事情时，往往拿得起、放得下，给人沉着稳重的形象。加上他们为人处世开朗幽默，他们身边总会有许多朋友。

如果你是个爱钻牛角尖的人，你可以多和他们交往，学习他们身上的正能量，更好地完善自己。

7. 摆脱追求极端完美的想法

世界上没有绝对的完美，你不要对每件事都抱着挑剔的眼光去看待。你得学会妥协，学会面对这个不完美的世界。

只要你觉得自己问心无愧了，就不要再给自己添加压力，要求自己做到不可能实现的绝对完美。这样的你，会活得很累，也会让与你接触的人感到累。

8. 不要把简单的问题复杂化

人活着，也就短短几十年光阴，你不值得把每个简单的事情都弄得无比复杂。大家只会和明白事理、简单好相处的人交流。

如果你凡事都要追究个底朝天，非得弄明白所有的对错，给自己制造问题。这只会让人觉得别人无法和你沟通，而时间久了你自己也会过得很痛苦。

不钻牛角尖，既是放过自己也是放过他人。明白这个道理，会让你在人际交往中少走弯路。也让别人觉得与你交流起来，是一件很开心的事情。

如果你的交流能给人带去开心，你还怕自己的朋友会少吗？

二、毫不起眼的人也值得你去交往

有人说，交往得看人来，不是什么人你都能去交往。我们都知道“近朱者赤，近墨者黑”这句话，它告诉我们，你靠近什么样的人，你就会变成什么样的人。

在你的成长过程中，你可能会被家长和老师教育过：要和优秀的人交往，不和品行不好的人交往。

走入社会后，你会发现，人们往往喜欢和那些地位高、名气高的人交往，比如公司领导、企业小老板，而对那些身份不够显赫，地位不够耀眼的人则拒绝与他们交往。

其实，与人交往，你不能以表面的身份、职业、地位等来考量。因为有些人从表面上，你看不出什么，但在某些方面却有着过人之处。

也就是说，你要改变观念，不要抱着功利的心态去与人交往。毫不起眼的人也值得你去交往。

报纸上曾经报道过这样一则故事：

一家公司领导在会议上当着所有员工宣布，公司由于欠债太多资金周转不过来，即将面临倒闭状态，大家要趁早找好新的单位上班。

接下来的几天，公司里所有人都人心惶惶，大家都没有心情工作了，领导也只好装作什么都没发生一样，只是将一切看在眼里。

一天清早，公司里的一个保洁阿姨竟然扛着一大袋人民币走到领导的办公室。大家把钱一数，整整500万元。刚好把公司的资金缺口给堵上，让公司能够继续经营下去。可令大家不解的是，保洁阿姨每月工资也就两千多元，怎么会有这么多钱，并做出这样的事情出来呢？

原来，保洁阿姨是一个拆迁赔偿户，家里的大房子被政府征收了，政府赔偿了她两套房子，还有人民币800万元。

保洁阿姨说，公司的氛围很好，每天上班都有人对她点头微笑，让她感觉自己像在家一样温暖。她不想公司倒闭，所以愿意借款给公司，帮助公司渡过难关。

一个普通的保洁员，没有人会放在眼里，但谁也没有想到，关键时刻她却能拯救一个公司。生活中这样的人，其实还有很多，只是我们不知道而已。

有的人，可能外表看起来很普通，但其实他有一颗美丽的心灵；有的人，可能言谈举止看不出有任何闪光的地方，可事实上他却出版了几本书，是一个颇有名气的畅销书作家。

才华、能力等，很多时候并不能从外表上看出来。你只有和他们深切交往后，你才能知道他的真正实力。

因此，在人际交往中，千万不能因为别人看起来不优秀，你就拒绝了和他交往。这很可能会让你错失与一个优秀的人进一步交流的机会。

小杨在一家银行当保安，平时他很少和同事过多交流。上班的时候，他老实上班，下班的时候就躲在房间里看书。

所有人都以为他不合群，渐渐地也就疏远了他。有一次，小杨和同事们在下班回宿舍的路上听到有人抢劫。

小杨迅速跑到歹徒面前，对方拿着刀凶狠地说："别多管嫌事，你们给老子滚远一点！听见没？"

还没等大家反应过来是怎么一回事时，凶手就已被小杨制服，正跪在地上求饶。

原来，小杨刚听完凶手的话，便一个箭步冲上去，以漂亮的双脚回旋踢把歹徒踢倒在地，凶手瞬间吓得目瞪口呆。

大家这才知道小杨是全国武术冠军。虽然他个子不算高大，但拳脚功夫却不是一般人能比得上的。

之前看不起小杨的人，也改变了对他的看法。

与小杨相处久了，大家发现：小杨是个值得交往的人，他除了拥有见义勇为外的优点外，还是一个知识渊博、博学多才的人。

有句话是这样说的：真人不露相，露相非真人。

生活中有本事的人，往往都是谦虚低调的人。他们隐藏在茫茫人海，平凡得让你无法把注意力转移到他们身上去。

但正是平凡的他们，让你见识到天外有天，人外有人。做人，不能以貌取人，不能因为别人的不起眼而忽略他们。

要知道，社会是个大舞台，各种各样的人都有。不要抱怨你身边的人都是庸才，没有高手的存在。其实，你只是没遇到，或者是遇到了你不知道珍惜而已。

这一生，我们能够遇到谁，遇到了能够走多远，是一件很难说清楚的事情。但能够明确的一点是：你只有做好自己，才能够吸引到别人来和你交往。

要知道，人和人之间的机遇与缘分有关，也与你自身的品质有关。如果你足够优秀，那么，你将会遇到优秀的人。

在此之前，你要平心静气，保持不焦不躁的心态去与人交往，尤其是那些看起来毫不起眼的人。说不定，关键时刻他们能够帮到你的忙，改变你的人生。

具体来说，你需要把下面的建议铭记于心。

1. 不要抱着功利心去交朋友

我们与谁交往，应该是出于友好、真诚的态度，而不是说谁对你有用，能够帮助你才去结交。因为当你抱着功利心态去交往的朋友，往往不会真心对你。你在利用他，他也会利用你。

建立在利益方面的朋友，往往不是很可靠，当没有利益关系了，你们之间情谊也会难逃分崩离析的命运。

2. 人不可貌相，不要以貌取人

一个人的外貌是天生的，我们不能因为别人的外貌丑陋或者漂亮，就对他有不公正的看法。有时候，一个长相丑陋的人，说不定才智过人。

我们与人交往，看重的应该是他的秉性，以及他自身拥有的美好品质。而不是从他的外貌来衡量。

3. 尊重身边不如自己的人

“敬人者，人恒敬之”。只有我们首先去尊重别人，才会赢得别人的尊重。当看到那些身份、地位不如自己的人时，我们不能有轻视、看不起的心态。

每个人都是平等的，生命不分高低贵贱。你用平等的心态去与人交流，别人才会觉得受到了你的尊重，愿意搭理你。

4. 学会用真情去交友

花言巧语，嘴上一套背后一套的交友模式，一旦被识穿，就会让人觉得你不真诚，你之所以去与之交往，不过是另有所图而已。

每个人都希望被认真对待，要想打动一颗心，只有付出你的真情和时间才行。不要整天想着，用一些所谓的套路去投机取巧，时间久了，你只会被人看不起。

5. 不要说太过绝对的话

与他人说话的时候，一定要三思而后行，要知道你不经意说出去的话，会在别人的内心深处留下深刻的烙印。

比如“你这个人简直一无是处，还不如去死了算了”这样极端伤害人的话，一定不能说。这会严重打击一个人的自尊心，让人抬不起头来。

如果你情绪冲动，控制不住自己的嘴巴，那就学会离开那个环境，而不任由自己说出伤人与无情的话。

6. 做一个能体谅他人，有内涵的人

有内涵的人，面对别人的攻击和指责时，会采用礼貌而优雅的方式回应，而不是恼羞成怒，以怨报怨。更多的时候，他们会懂得理解别人，知道别人的不容易。

如果你是个优雅，有内涵的人，那么所有人都会被你的光彩折服，不自觉地向你靠拢。所以，在平时的生活中你就要学会多读书、多与优秀的人接触，做一个有内涵的人。

7. 以平等的心态去面对身边的人

无论你身边的人，是光芒万丈还是卑微如尘，你都要抱着平等的心态去与他们交流。因为只要你用心去交流，你会发现，即使卑微如尘的人身上，也有值得你学习和欣赏的地方。

总之，如果你想更好地扩建你的人际关系，让你拥有各种各样的朋友，那么你就得学会不仅要和优秀的人交往，也要和毫不起眼的人交往。

这样，你才可能成为真正的交际达人！

三、有时候，装傻是一种明智的选择

人生在世，难得糊涂。聪明，是我们每个人都想要的一种能力。但聪明过头了，只会让人防备，让我们在人际交往中遭遇失败。

很多时候，糊涂一点，适当装傻，反而能为我们创造新的机会，带来好运。装傻是一门艺术，我们可以在人际交往中好好运用。

周萍打开电脑，正打算工作时，同事走过来和她吵了一架。原来，就在刚才，领导把同事叫到办公室，狠狠地将同事训斥了一顿。

而同事之所以被训，和周萍有着很大的关系。领导先叫周萍进办公室，问了同事最近的工作情况。

周萍于是如实地告诉了领导，说同事总是迟到早退，在上班期间还常常看电视玩手机，没有认真工作。

同事知道，正因为周萍这样的小报告，才害得自己被领导骂。周萍觉得很委屈，她辩解道："领导问什么，我肯定要如实回答，难道你叫我撒谎吗？"

同事听了生气地问她："你就不知道装傻，说自己不清楚吗？你的如实回答已经让我被领导骂了，你知道我被骂的感受吗？"

周萍刚开始很不理解，觉得自己没有做错。后来经过老员工们的指点，她才明白过来：适当地装傻，反而是一种聪明的做法。

在职场中，有时候懂得适当装傻才能维护好和同事的关系。

职场中，我们夹在领导和同事中间，有些事情即使你看得很清楚，明白事情的来龙去脉。但如果你说实话了，就会得罪别人。

这时候，适当装傻反而能让你避免这种情况。

不仅在职场，生活中也是如此。装傻，可以让我们从复杂的人际关系中解脱中出来，获得清净。

举例来说，如果有人向你打听别人的隐私，你作为对方的朋友，只能选择保护好朋友的隐私不告诉他，但如果直接拒绝回答，又显得很不礼貌。

这时候，你可以用装傻的方式来回答，你可以这样对他说："不好意思，我不太清楚，你直接问他吧！"

一个难以回答的问题，就这样被你轻易间化解了。

蔡芸和老公最近在闹矛盾，一周之前，她发现老公在和手机上的一个陌生号码频繁联系。

昨天，她竟然在老公手机上发现了一条暧昧信息。蔡芸越想越生气，她和老公吵了起来，说老公肯定在外面有人了，她坚决要和老公离婚。

无论老公怎么解释，她都不听。私底下，蔡芸展开了调查。她开始去查老公的银行卡，电话清单，希望能从上面找到一些蛛丝马迹。

有一天，她找到了老公的同事小燕，问老公在单位是否在和异性交往，或者有没有什么异常的表现。蔡芸和小燕是好朋友，本来她以为小燕会帮自己。

可小燕听到蔡芸找自己是想打听她老公的个人隐私后，摇头回答说："我前段时间出差了，并不知道他有什么情况，你问别人吧。"

小燕其实回到单位以后，就听说了蔡芸老公的事，有传言说他和一位神秘女士在交往。

小燕知道，如果把这条消息告诉蔡芸，那他们的夫妻感情肯定会因此受到影响。不说的话，也许能帮助到蔡芸，毕竟传言的真假她也并不知晓。

后来事实证明，传言只是一则谣言而已。蔡芸和老公经过一阵冷战后，又回归了往日的和谐生活。

小燕不禁感叹了起来，还好当时自己选择了装傻，没有掺和朋友家的婚姻生活，否则她很有可能就成了说不清的罪人。

遇到不清楚的问题，选择装傻的回答，不仅可以让你避免尴尬，躲过一场危机，还能让你和他人的关系不会因此而受到影响。

在生活和工作中，有时候，你说的话，很大程度上会影响别人的决定。说真话会伤害人，说假话又会让人讨厌。

那你可以试着装傻，为自己巧妙避开这个两难的问题。

1. 不清楚的问题不要明确回复

有时候，你会遇到别人向你咨询某些专业的问题，这时候，你如何回答，能显示出你的交流水平。

如果你运气好，回答得正确，自然会皆大欢喜。但如果你回答得不对，日后对方知道了，你们的关系还会那么和谐吗？

遇到你清楚的问题，就直接告诉他答案，不清楚的话可以说说你的意见，供他参考，具体意见还请他找专业人士请教。

2. 巧妙面对别人的非难

当有人无辜冤枉你，想要找些莫须有的事情来为难你，你如果认真作答，只会让对方觉得事情有蹊跷，助长他添油加醋、造谣生事。

有些事情，你越解释，越会让人觉得确有其事。与其让对方误会，你大可以胡乱作答，或者直接回答对方：“既然你这么想，那可能就是你说的那样吧！”

3. 不要凡事都选择实话实说

面对熟悉的人，只要我们觉得与对方敞开心扉交流没任何影响，那你可以选择实话实说。但如果对方是个陌生人，或者他明显来者不善，想故意套取你的话时，你就要提高警惕，说一些无伤大雅的话给对方听，让他找不到想要的信息。这样一来，你既可以不伤害对方，又能保护好自己的隐私。

4. 对他人的是非问题选择装傻

在生活中，朋友间闲聊，常常会说到某人的是非问题，他是错是对，我们根本就没有必要去议论。

况且，背后议论别人本身就是一件不道德的事情。如果朋友非得要你发表观点，那你可以告诉他："对不起，我和他接触不多，不太了解他。"

不背后评论别人，用装傻的方法回答，能让你在人际关系上减少很多不必要的麻烦。

5. 学会保留自己的观点

言多必失，有时候你会发现，随着交流兴趣的增加，你会和别人越说越多，以至于到最后一发不可收拾，什么话都说了出来。

但聪明的你要知道，真正有观点的人，都懂得抛砖引玉，他们知道在与人谈话中保留自己的观点，先让别人开口，听完对方的观点后，自己再开口。

为了让自己说出去的话有分量，你可以选择用装傻的方式先让对方展开讨论，之后再说出你的看法。

人际交往中，懂得不逞能，不显摆，适当装傻，你才会赢得他人的尊重，让人觉得你很会照顾人。

这是一种聪明的交往技巧，你学会了能让在与人相处中，受益无穷。

四、帮人得有度，你要懂得适可而止

在这个世界上，没有人有责任和义务去帮助你，即使是你的父母，也不能照顾你一辈子。当你成年后，你也得独自面对自己的人生，用自己的双手去创造属于你的生活。

有句话是这样说的：帮你是情分，不帮你是本分。所以我们每个人一定要在内心里种下自立自强的种子，不能企图让别人永远来帮你。

现实生活中，有的人因为同情心泛滥，喜欢去帮助别人。但对方却把他的帮助当作理所当然，没有丝毫的感恩心，一旦得不到帮助了，他就对你置之不理，视为路人。

这多少让人有些感慨。但其实也怪不得别人，只能怪你自己太过单纯，不懂得帮人要适可而止的道理。

刘瑞和王奎是好友，每次王奎遇到麻烦找刘瑞寻求帮助的时候，刘瑞二话不说，会竭尽全力去帮忙。

有时候是帮王奎取快递，有时候是帮王奎打听别人的联系方式。只要是王奎觉得刘瑞能帮到自己的，他都会找刘瑞帮忙。

有一天，王奎打电话向刘瑞借5000元钱。刘瑞说自己手头紧，拿不出那么多钱来。

王奎听到后生气了，“你不是朋友多吗？去找他们借呀？你以前不是每次都帮我的忙吗，为什么这次不帮了？”

刘奎于是解释说，自己已经找朋友借了一笔钱，现在欠的钱没有还清，不好意思再去开口借钱了，希望王奎能理解。

没想到王奎听完后，挂断了电话，还把刘睿的电话给拉黑了，关系很好的两个人突然间就变成了陌生人。

这让刘瑞很是伤心，花了很长时间也没想明白自己是哪里做错了。

人际关系中，作为朋友彼此互相帮忙，互相照顾是没有错的。但有时候，你的帮忙却会被有心人拿来利用，觉得你好骗，所以才三番五次找你帮忙。

如果你的帮忙，能够解决朋友的燃眉之急，让他能顺利渡过难关。那么，这个忙你一定要帮的。

而对于那种什么事都来找你帮忙，对你只是利用关系的人来说，你就得慎重思考，这个忙自己值不值得帮。

不要因为帮的次数太多，让朋友养成了依赖你、利用你的坏习惯，你只要一次不帮忙，他就反过来说你的不是。聪明的你，可不要做这种好心没好报的事情。

何凯上班的时候，接到老同学蔡航打来的电话，想找他借2000元钱给自己。蔡航和自己是大学同学，他们在读大学的时候，住一个寝室，俩人的关系亲如兄弟。

何凯毕业后，在国企上班。而同学蔡航却总是这个公司上一段时间，又跑去下一个公司上班。

频繁换工作的他，常常手里没有多余的钱。只要没有钱了，他就会找何凯要。他相信何凯是自己的好兄弟，会永远帮助自己。

次数多了后，何凯也感到了厌烦，只是没有把话说出来。但其实何凯也有自己的苦衷，他虽然在国企上班，可每月的工资也不高。他还得存钱买车买房，照顾家里年迈的父母。

看在多年的同学的分上，这一次何凯没有拒绝，他用支付宝把2000元钱转给了他。但何凯认真地告诉他，不会再有下次了。

他对蔡航说："你已经毕业3年了，如果你连自己都养不活的话，以后要怎么生活呢？我只能帮你最后一次了，你自己好之为之吧！"

自从他说了这些话后，蔡航再也没有找他借钱了。何凯也因此轻松了不少，不再有为了帮助别人而勉强自己的压力。

人情如刀，越用越薄。再好的关系，也会因为用的次数多而产生变质。你有困难，应该先自己想办法处理，而不是每次遇到困难，都希望找到救星来帮你脱离险境。

生活中，总有人想不劳而获，整天想着天上掉馅饼的美事。当他们发现有人总会热心肠地帮助自己时，就会形成依赖心理。

自己不劳动，却企图通过求助，扮弱者的身份来换取同情和帮助。这样的人，一点也不值得同情，也不是你应该帮助的对象。

如果你的身边，有这样的人，那么你一定要擦亮自己的双眼，学会去辨别什么人才是你应该帮助的对象，同时也要弄明白，自己究竟想要结交什么样的朋友。

聪明的你要明白：有些人，你即使帮了很多次他们的忙，他们也不会感激你，反而会一直向你索求帮助。你不是在帮他们，而是在害他们。

1. 你只能帮人一时，无法帮人一世

帮助别人是一件善事，但你要记住：无论你的能力有多强，你都不可能帮别人一辈子。你去帮别人的同时，不仅会牺牲掉你的时间和精力，还会让对方对你产生依赖的心理。

2. 人性是复杂的，你得学会保护自己

有的人因为同情心泛滥，受不得别人的诉苦，认为在自己的能力范围内去帮别人没什么问题。

但你也得擦亮你的双眼，正是因为你是个善良有同情心的人，别人才会抓住你的软肋，企图多次撒谎来骗你，希望你能够无偿地去帮助他。到时候，你只能落得被人骗了还帮人数钱的下场。

3. 不要拿好人好事的概念来安慰自己

这个世界上随时都会发生天灾人祸，有许多人真正需要帮助。比如地震后失去房屋和亲人的朋友，你可以尽你的努力去帮助他们。

而对于那些有手有脚，完全可以通过劳动换取生活费用，却因为懒惰不愿付出的人，你没必要对他们施与援手。不要觉得你是在做好人好事，你只是在助长他们养成好吃懒做、衣来伸手的坏习惯。

4. 真正有能力的人从不轻易寻求帮助

有能力的人，遇到困难后，往往会通过自己的努力去战胜困难，而不是伸手向别人寻求帮助。如果你觉得向你寻求帮助的人，是一个扶不起的阿斗，那你为什么要多次去帮助他呢？

5. 授人以鱼不如授人以渔

帮人的时候，方法才是重要的。如果你不教会他解决问题的关键能力，当他下次遇到类似的问题时，还会请你帮助。

比如，有人向你请教怎么申请微信公众号，你不应该直接帮他申请，而是手把手教他整个操作过程，并把相关的知识都给他讲述一遍。这样等他明白后，以后就不会再问你同样的问题了。

6. 帮人得看人来

有些人，无论你帮了他多大的忙，他都不会感恩，把你记在心上。甚至有时候，他还会反过来指责你，说你为人不好，有各种各样的问题。

对于这样的人，就是好心没好报。这也提醒你，以后在帮助他人的时候，心里要有个数，要知道什么人该帮，什么人不该帮。免得最后你费尽心思去帮了他的忙，背地里却被他恶语中伤，到处说你的坏话。

为人处世是一门学问。我们总是要经历后才会相信，有些事情并不是像我们想象中那么美好。不是你付出了什么，就一定会得到什么。

有时候你的善良，在别人眼里只不过是可以加以利用的工具。复杂的人际关系告诉我们，帮助他人是一件好事，但是帮助他人也要有度才行。

五、敞开心扉，和陌生人愉快交流

对于熟悉的人，我们往往会觉得与他们交流起来亲切自然，没有一点儿拘束感。

而对于初次相识的陌生人，我们会产生害羞、放不开的心理，即使我们满腹经纶，也不敢像和朋友们聊天那样，与陌生人愉快正常地交流。

朋友都是从陌生变成熟悉的，你只有敢于和陌生人交流，你的人际圈子才会越来越广，你也才能变成交际高手。

与陌生人交流，并没有你想象的那么困难。只要你能掌握一定的方法，你会发现你也能和他们轻松做朋友。

秦浩是一个很内向的人，在平时的生活中，他从不主动与人讲话。与别人讲话的时候，他会紧张得低下头，心跳加速，这让他感到很难为情。

因此，每次和人讲话，他都会犹豫半天，同时会在大脑里迅速组织好语言，先讲什么，后讲什么。

朋友们都说他是个逻辑清晰，思维严谨的人，如果能够敞开心扉，主动与人交流的话，他的朋友一定会更多。

单位放了几天假，他来到北京旅游。在八达岭长城上，他看到很多游客都在兴奋地拍照留念。

他犹豫了很久，最后还是鼓起勇气和一个陌生的大叔聊起了天。

“叔叔，你好，你也是来旅游的吗？请问，能麻烦你帮我拍几张照片吗？谢谢！”

陌生大叔听后点头微笑，很配合地帮他拍了几张美照。之后他还和大叔聊了许多话题。

秦浩这下才发现，与陌生人聊天，并没有自己想象中那么难。只要你敢开口，就一定会有好的话题，等着你去与他们交流。

有许多不敢和陌生人交流的人，总是会把主动开口后的场景想得很可怕，担心他们会拒绝自己，担心自己会打扰到别人。

其实，这些担心都是多余的。你都还没有开口，怎么会知道自己被拒绝呢？大部分的陌生人，都是很友善的，并没有你想象中那么复杂。

当你在陌生的地方迷路了，或者需要咨询什么问题，只要你抱着认真、诚恳的态度去与他们交流，他们自然会耐心地回答你。

毕竟，在陌生的地方迷路是很正常的现象，找个人问问路，就可以少走很多弯路。关键是你敢不敢开口，以及你该用什么样的方式去开口。只要你找对方法，那么陌生人就不会拒绝与你交流。

周璇和闺密参加朋友的生日聚会。在现场，周旋除了闺密外她一个人都不认识，感到孤单的她只好躲在角落，吃水果和糕点。

其他人都在开心地唱歌跳舞，自己却闷闷不乐，这让周璇感到很烦恼。她认真观看了一下全场，看到有一个穿着时尚，面容姣好的女士正在沙发上坐着玩手机。

周璇走过去，打起了招呼：“姐姐，你好，不介意我坐下来陪你聊聊天吧？”女士听后，点了点头。

周璇接着说道：“我不会穿着打扮，但你今天穿的衣服适合你，看起来很优雅。不知道你可不可以教教我，日常生活中我该怎么搭配衣服。”

对方听后，放下手机，竟然和周璇开心地聊了起来，她们从明星的穿着打扮聊到了现场每个人的穿着打扮，最后还聊到了生活中其他方面的问题。

周璇发现，自己不经意的主动聊天，竟然能和陌生人展开了一场愉快的聊天，让自己度过了一个美好的夜晚。

最重要的是，聚会结束的时候，她俩还添加了彼此的微信，成为无话不谈的好朋友。

与陌生人聊天，是需要方法和技巧的。你们彼此不熟悉，如果交流的方式不对，那很可能你们才聊了两句话，对方便转身离开了。

举例来说，如果你是名男士，想和陌生的异性朋友交流，你一开口就说：“美女，你好，可以把你的微信告诉我吗？”

虽然你本身没有恶意，但对方听到你的招呼，会觉得你居心不良，不愿意搭理你。这就是由于你不注重方式，才导致了你的失败。

要想与陌生人愉快地交流，首先要做的就是让他们放松戒备心理，觉得与你交流是安全的，你才有交流的可能。

当对方愿意和你谈话后，你才能进一步地组织好自己的语言，与对方进行深入的交流。而不是冒冒失失，很唐突地与他们说话，这只会让你吃闭门羹。

为了让你能够更好地与陌生人聊天，你需要掌握一些基本的方法。

1. 用礼貌的称呼引起对方的注意

通常来说，讲礼貌的人，一般都会得到别人的尊重。在你和陌生人交流前，你先不要想着该说些什么内容，而是要想清楚该如何称呼对方。你是该叫对方“阿姨好”，还是“姐姐好”都是需要你认真思考的。

因为你的称呼得当，会让对方觉得你是个有素质的人；相反，则会让对方你觉得不礼貌，不愿意搭理你。

你要记住，礼貌的称呼能够为你获得一半的成功。

2. 学会精简自己的语言

别人的时间很宝贵，在你和陌生人交流的时候，一定在内心精简好自己的语言，用最完美的句子表达出来。

你是要问路，还是有事情需要对方帮忙，或者只是交流彼此的观点，你一定让对方迅速地明白你说话的重点，这样对方才知道该如何交流。

如果你表达不清楚，让人听得不知所云，那很不幸，没有人会愿意浪费时间听你说下去。

3、使用肢体语言来交流

丰富的肢体动作，可以让你的沟通锦上添花。在你自己表达某些抽象深刻的内容时，你可以借助手势动作、面部表情等肢体语言来加强你的表达，让对方能够理解你所要表达的究竟是什么。

同时，当你在听到陌生人说话时，也可以用点头、微笑、拍手等肢体语言表达你在认真倾听对方的谈话，让他觉得你是个很好的倾听者，从而发自内心地愿意与你交流。

4. 学会寻找共同的话题

刚开始和陌生人交流的时候，你会苦恼不知道该如何与对方交流，也就是说你很害怕你们之间没有话题一起聊。

这个担心完全是多余的，你可以发挥的你想象力，可以从你们交流的环境，对方的穿着、身份、地位等开始着手。

只要你觉得能引起对方的注意，又不会让对方感到尴尬的话题，你都可以拿来闲聊。

5. 不要打听对方的隐私

每个人都有自己的隐私，随意打听别人的隐私是一种很不礼貌的行为。面对陌生人的时候，尤其是说话要有分寸，千万不要以为陌生人已经把你当朋友了，你就以为可以什么话都可以说。

一旦你说出的话让对方觉得你是个无聊、爱八卦的人，对方只会立马甩手走人。比如：“你每个月的收入是多少？” “你离婚了吗？”这些私人的问题，你都应该注意，不要主动拿出来谈。

6. 不要有太多自己的观点

与陌生人交流，谈论观点的时候，要记得点到为止。不能一时心血来潮，就一股脑儿地说“我认为”之类长篇的大话。

既然是沟通，就一定要让对方多开口，明白对方话里的含义后，再选择时机简短地表达好自己的观点就可以了。

不能太较真你们之间的谈话内容，把陌生人当成是辩论对手，非得要和他争个输赢才肯罢休。你是来交流的，不是来辩论的，这是你和陌生人交流的初衷。

7. 交流完之后要表达感谢

在与陌生人开始交流前，你是个有礼貌的人，那么交流完之后你同样要做个有礼貌的人。你可以在你们结束谈话时，表达真诚的感谢。

比如，你可以对他说：“很高兴今天能和你愉快地聊天，我收获很多，谢谢你！”你只有做到礼貌地表达，陌生人才会觉得你是个有涵养的人。当你想要再次与他交流的时候，就会容易得多。

朋友，请敞开心扉，大胆勇敢地去与陌生人交流吧！你会发现其实陌生人身上有许多值得你学习的东西，与他们交流是一件轻松而美好的事情。

六、雪中送炭，比虚伪的承诺要好很多

不知道你发现没有，生活中那些仗义疏财、乐于助人的人，往往有着很好的人缘。当朋友遇到危险时，他们在朋友还没向自己开口前，就已经站出来和朋友面对难题，一起共度难关。

患难见真情，平时说关系有多好的朋友，我们未必知道是否真的有那么好。但当你遇到困难，他能雪中送炭，给你一丝帮助的话，你无论如何，都会记得他这份情。

人与人之间的关系，是要彼此通过时间的考验，对彼此的相互认可才能走得长远。

如果你与人相处，只是口头上做虚假的承诺，遇到朋友困难时，反而拔腿就跑，只会让朋友觉得你虚伪，不会与你真心相处。

因为，每个人说了什么不重要，做了什么才是最重要的。

薛冰和罗威是一对好战友，他们高中毕业后，一起去西藏当了5年的兵。在当兵的那几年里，他们吃了许多苦，共同见证了彼此的成长。

退役那天，所有人都哭了。

薛冰记得罗威对自己说了这样的话："兄弟，以后你无论在哪儿，只要遇到了困难，一定要记得找我，我就是砸锅卖铁也会帮助你。"

眼下，薛冰的母亲生病住院了，面对高昂的治疗费，他沉默地低下头。有人告诉他："你当兵时的好兄弟罗威，现在是一家公司的

老总，听说现在混得可好了，你怎么不去找他借钱呢？”

犹豫了很久后，薛冰拨通了罗威的电话，与他交流了起来。

“兄弟，还记得我是谁吗？”

“哈哈，你是薛冰吧！咱们虽然3年没见了，但你的声音我还是能听出来的。”一阵寒暄和叙旧后，薛冰说到了重点。

“老弟呀，实不相瞒，我是有事想向你求助的。母亲生病了，需要50万元的手术费，不知道你能不能帮帮忙。”

让薛冰吃惊的是，罗威这样回答了他：“兄弟，我现在有个重要的电话要接，我先挂了，回头我再打给你。”

薛冰等了一整天，也没有接到罗威的电话。第二天，他再拨过去时，收到的语音回答是“你好，你所拨打的电话是空号，请查证后再拨”。

薛冰让其他人用手机拨打过去，却发现别人的手机能打通，只有他自己的不能打通。

他这下才明 白，原来自己的好兄弟竟然把自己给拉黑了。

生活中，空口承诺的人有很多。他们在向别人许诺的时候，完全没有想过自己是不是能够做到，只是脑门一热，一下子就把话给说了出来。

虽然他们说的时候没有当真，但听的人却把它当真了，并且牢牢地记在了心里。很多时候，你说出的话，代表着你这个人的品行，如果你说了又做不到，只会让人觉得你不真诚，是个骗子。

试想一下，如果你身边的人，都知道你是个虚假的人后，谁还敢和你交往呢？而你在许诺的时候，明明做不到为什么要大言不惭地说出来呢？

要知道，雪中送炭比虚假的承诺要好很多。人们也只会对雪中送炭的人尊敬万分，对虚假承诺的人则很不屑。

肖茹最近遇到了难题，她的信用卡逾期未还，银行工作人员把电话打到了公司的座机上，办公室经理接到电话后很生气，要求她立即把钱还了，否则就要开除她。

同事们知道这个事情后，都在背后笑话她。她为此感到很烦恼，当她鼓起勇气向闺密借钱的时候，闺密对她说："实在对不起，我现在手里也没有钱，帮不上你的忙，你去找别人吧！"

肖茹追问道："你是我最好的朋友，以前你不是说我有困难就找你吗？我现在没发工资，只是想向你借2000元钱，又不是不还。你难道就不肯帮我吗？"

"以前是以前，现在是现在。你自己想办法，再见！"闺密很不客气地挂断了电话。

最后，还是单位的同事小曼主动找到肖茹，拿出2000元钱，帮肖茹解决了难题。

在此之前，她俩只是见面点个头，没有过多的交流。但同事这次主动帮助自己，让肖茹非常感动。

她开始和小曼加深了联系，发现小曼是一个值得交往的人，渐渐地，她俩从点头之交，变成了亲密无间的好朋友。

帮人走出难关，会让人在心理上对你产生好感。这样的事情生活中常常发生，因为我们每个人在遇到困难的时候，都希望有人能挺身而出，哪怕只是微不足道的帮助，也是一股巨大的力量。

心理学家经过研究发现，雪中送炭的人更容易让人印象深刻。

人际交往中，是否能够雪中送炭，做一个热心助人的人，也可从侧面显示出你的人格魅力。许多交际高手，甚至许多富豪，都会在他人遇到困难的时候，挺身而出，热心帮助。

比如在地震中，你会发现有许多人跑去灾区，帮那里的人们度过危险，即使他们明白的自己力量渺小，但在他们内心深处，却有着热心助人的美好品质。

雪中送炭，愿意付出实际行动帮助他人的人，自身充满了光辉，让人投出欣赏的眼光。

如果你想成为一个交际高手，不妨从做一个雪中送炭的人开始。

1. 做一个有爱心的人

有爱心的人，是一个身上散发正能量的人。他会对动物充满爱，对落难的人充满爱，对身边的每个人都充满爱。

人际关系中，冷漠自私的人会让人觉得不好接触，因为感受不到他们的温暖。而如果你是个有爱心的人，那么别人会主动靠近你，被你身上的爱心所吸引，与你成为朋友。

2. 不要轻易向他人许诺

评价一个人是不是讲诚信，从许诺就能看出来。如果你向别人做出了承诺，到最后你又实现不了，只会让别人觉得你是个不靠谱的人。

要做一个让人信任的人，首先一点就是要实事求是，自己能做到的才可以许诺，做不到的就别夸下海口，让别人失望的同时也会让你没有了朋友。

3. 为自己的承诺负责

如果你曾经向朋友许下过诺言，那么不管遇到多大的困难，你一定要勇敢地将它克服，去实现你的诺言。因为一旦朋友对你心寒了，就算你花了很大的精力，也很难弥补被你伤害的一颗心。

4. 养成关心朋友动态的好习惯

可能你每天的生活很忙，但即使再忙，你也可以抽出时间来关注朋友的生活动态。

比如：你可以通过看朋友微信圈的动态、QQ 空间的动态来了解朋友最近在做什么，他的生活过得怎样。如果朋友需要帮助，你可以第一时间知道并立即给予帮助。如果只是朋友的普通日常，那你可以在朋友圈下方点个赞，表示你有在看他的动态。

5. 朋友求助时一定要积极帮助

我们每个人都可能会遇到困难，遇到孤立无援，需要帮助的时候。在这个时候有人如果能站出来，给予我们帮助，我们一定会铭记于心。

当朋友遇到困难，向你求助时。你一定要站出来，有钱出钱有力出力。朋友并不是需要你给他多少钱或者多大的帮助，而是希望你能给他克服困难的力量和信心。

人际关系是靠一点一滴的相处，用一颗真诚的心换来的，它来之不易，我们应该好好去珍惜。

你的一言一行，对你本人来说没有什么，但在别人眼里却无比珍贵。他们很可能对你的付出和承诺看得比生命还要重要。如果你是个有责任和担当的人，就请不要去轻易承诺他人，承诺了，就要尽自己最大的努力去做。

七、感情是需要维系的，平时也要联系他人

俗话说，无事不登三宝殿。

我们身边总有这样的人，平时不联系，有事的时候招呼也不打，一个电话就直奔主题，希望你能想办法帮他的忙。

运气好的话，对方念及旧情，可能会毫不犹豫便答应你。

但再深厚的情谊，长期不联系，随着时间的延长，感情也会变淡。

如果你和朋友平时互不联系，彼此间没有多少感情，他突然请你帮忙，倘若是你，你愿意无条件帮忙吗？

有人总结说，人与人之间只有多走动，多亲近，才会越来越温暖。

生活中的交际达人，往往比其他人更懂得感情需要维护的道理，在平时的生活中，他们也会和朋友走动，而不是遇到了事才去麻烦别人。

老李的孩子今年中考，成绩很不理想。为了能让孩子上一个好一点中学，他开始四处打探消息。

市里的高中是按片区和分数来分的，分数好的有优先选择权。老李的孩子分数差，听人说要找找关系，花点儿钱交高学费就能入学。

多番打听下，他得知自己的初中同桌张翼，正好在某所高中当老师。他俩毕业到现在，20 多年没见面了。

犹豫很久后，老李拨通了同学的电话。

“喂，老张啊，我们是老同学啊，还记得我吗？我是你的初中同桌老李，我们做了三年的同桌呀！”

“你说你是谁？是那个上课经常爱说话的老李吗？”对方听到老李的话后，这样回答。

“是啊，是啊。我有个事情想麻烦你。我儿子今年中考成绩出来了，想读你们的学校，哪怕交高学费也行。你们学校还有名额吗？这事就拜托你了。”

“老兄，不好意思啊，我们学校的名额已经满了，你只能再去问问别人了。”之后，两个老同学聊起了读书时的趣事，畅谈了很久双方才挂了电话。

第二天老李才得知，隔壁邻居家的孩子中考分数比自己家的孩子还低，竟然直接去学校找老师商量，以正常的学费入读了他老同学的学校。

老李这才明白，时间久了，曾经的感情已经不再了，孩子上学的事情还得自己另想办法。

其实，故事中的老李不能怪他的同学。

毕竟他与老同学已经很多年没见面了，他在同学的心中是什么样的地位，他自己根本就不知道，贸然地去打扰老同学，并不是一件明智的事情。

世事无常，再好的感情都会随着时间的变化而变化。“平时不烧香，临时抱佛脚”本来就让人觉得态度不端正，何况还是突然之间有事相求呢。

没有出现“你是谁啊？我认识你吗？”这样的情况就已经很客气了。

人是有感情的动物，在日常生活中保持联系，那么当你有事时，你还未说出口，真正的朋友也会主动站出来帮你度过难关。

杨斌是个爱交友，喜欢帮助别人的人。从小学到大学，他在班里一直都是班长。同学们和他打招呼，从来都不叫他的名字，而是以“班长”来称呼。

他身上有个奇怪的特点，每次遇到问题，都会有人出来帮他度过难关。

大四那年，他考了北京的一个研究所的研究生。结果复试被刷了下来，他只好选择调剂。研究生调剂是一件很麻烦的事情，需要知道学校是否有名额才行。

同学们知道他需要走考研调剂后，迅速为他建了一个“班长考研调剂信息收集群”。

群建立好后，几分钟不到便有了200多人，其中有不少是和杨斌从小学到大学认识的同学。大家齐心协力，帮助杨斌收集到了许多信息。最后杨斌靠着这些信息，填了南方的一所高校，通过复试，成功地走入研究生阶段的生活。

这让杨斌非常意外，同学们怎么会如此热情卖力地帮助自己呢？

一个和他关系较好的同学给了他答案：“因为你真诚善良，说话幽默风趣，同时又尊重别人。与你交流的时候，总可以轻松地无话不谈。遇到事情想请教你时，你也会掏出心来热情地帮助我们。虽然毕业了你都还一直和我们联系。”

杨斌这才想起来，自己的手机上，还一直保留有小学到大学的班级QQ群，平时没事的时候，他总爱把生活中搞笑开心的图片、文字、视频等发到各个班级群里与大家互动。

也因此，尽管和很多同学分开了多年，大家都还记得他，在考研的时候出面帮助他。

在如今浮躁的社会，常常会出现人走茶凉的现象。

在交际场合中，许多人当面一套，背后一套。你用心对他，却不知道他是否同样在用真心对你。

诚然，这样的案例特别多。但你也不能排除，人世间是有真挚的感情存在的。很多时候，你会被老朋友亲切的问候打动，会被他贴心的关心感动得泪流满面。

这正是因为我们每个人都是有血有肉有感情的人。之所以许多深厚的感情，到最后会变得疏远起来，往往是因此彼此只活在自己的世界里，忘了花时间去联系，去经营。

人生是一个大的舞台，有的人来了，有的人就会离开。我们只有结交新朋友，不忘老朋友，才能够让自己的人际关系变得更加广阔。

要想成为人际交往的高手，你必须要记住感情是需要维系的这个道理。

为了维系好感情，你可以做到以下几点。

1. 养成主动关注对方动态的习惯

现在的微信朋友圈很火，许多人喜欢在朋友圈发布自己的照片、视频以及心情等信息。作为朋友，你看到了可以立即点赞或者留言，虽然这不能为朋友带去实质性的帮助，但这会让对方知道你在关注他，他不孤独。

无形中也会增加你们之前的情谊，千万不要等到你参加某个活动，需要朋友点赞了，才去微信里找他，求他帮你点赞。试想一下，平时你都不肯为他点赞，关键时候他凭什么来帮你点赞呢？

当然，如果朋友在 QQ 空间发文字了，或者在微信同学群发语音了，你也可以选择相应的回应，而不是像一个透明人一样，默不作声。

2. 养成节日打电话问候的习惯

每逢过节日，人们的心情便会从忙碌的工作中逃离出来，得以暂时的舒缓。这个时候，聪明的你就应该主动和朋友互动，保持联络了。

比如，在中秋节，你可以发中秋祝福的文字给对方；过春节了，你可以打电话向对方说声“新年快乐”，这些小举动会让他知道你心里有他，你在关心他。你们之间的关系，在这些举动中得到了巩固。

3. 养成热心助人的习惯

生活中，每个人都会遇到不少麻烦的事情。当朋友遇事需要帮助时，你是热心帮助还是事不关己高高挂起，会决定你留给对方的印象是怎样的。

患难见真情，你关键时刻的帮助，别人会记得你的好。同样，你的冷漠无情别人也会记得，只是他们不说而已。毕竟，帮的决定权在你的手上，别人不能干预。

但人与人之间的感情都是靠平日里的小事，一点一点积累起来的。只要你在朋友困难时帮助了，他自然也会在你落难时出手帮助。

举例来说，当朋友的孩子在医院治病，需要大笔手术费，他发朋友圈“众筹”，即便你不能出一分钱，但你随手转发到朋友圈，让更多的人看到，朋友也会感激你。

对别人来说，重要的不是你奉献了多少，而是你奉献的诚意有多少。养成热情帮助他人的习惯，时间久了你会发现，你身边愿意帮助你的人会渐渐多起来。

“爱人者，人恒爱之；敬人者，人恒敬之。”这提醒我们，要想做一个交际高手，就要学会在生活中懂得付出，去尊敬和爱护他人。

同时，花时间去和朋友保持联系，维护你们来之不易的感情。日子久了，你才知道这份感情在时间的熏陶下弥足珍贵，你不是活在自己的世界，有许多人在关心你和爱护着你。

第 五 章

提升洞察水平，经营好你的人际关系

一、爱生气的人其实很好相处

我们都知道，与脾气好的人相处，无论是说话做事都会让人觉得温暖又美好。而与那些脾气不好，为了一点儿小事就生气的人相处，则是充满了痛苦。

爱生气的人，往往一言不合便会向身边的人展开一场猛烈的攻击。他们情绪激动，用词毒辣，让和他们在一起的人觉得不可理喻，不知道该怎样和他们正常的交往。

虽然说爱生气的人不能很好地调节自己的情绪，常常做出伤害别人的事情出来。但其实，他们本身并不是无药可救。

只要你明白他们生气是怎么一回事，并掌握了一定的技巧与他们沟通，你会发现他们并没有想象中那么难相处，你也可以和他们做好朋友。

老罗的妻子是个脾气暴躁的人，常常为了一点儿小事就大发脾气，让人见了都感到不寒而栗。

但老罗和妻子生活了三十多年，他们夫妻间的感情一直相处得很好。

有一次，妻子炒菜时发现厨房没有酱油了，妻子于是对在客厅看电视的老罗说：“快，去楼下便利店买一包‘味纯原’酱油回来。”

老罗听完妻子的话，迅速跑出去买了一包酱油回来。妻子接过一看，发现不是“味纯原”牌子的酱油。

立马发起火来：“你是眼睛瞎了，还是脑袋进水了，我给你说了是买‘味纯原’酱油，你为什么非得要买其他牌子的？”

老罗嬉皮笑脸地回答道："老婆大人，我错了，我现在马上下楼重新买，请你原谅。"说完后，还敬了一个军礼。

原本还想继续骂人的妻子被老罗的举动给逗笑了，她挥了挥手，说不用了改天再去超市买。

类似这样的事情在老罗家里经常会发生，每次妻子只要冲老罗发脾气，老罗都会想办法让妻子把肚子里骂人的话全部吞回去。

因此，夫妻两人也相安无事地过了这么多年。

生气的时候，尤其是正在气头上的时候，他的思维和情绪都会被影响，不如正常情况下那么理智。

这时候，你和他讲再多的大道理，他都听不进去。他只会陷入自己的消极情绪里，无法自拔。只要你一回话，他会觉得你在针对他，对你没有好脸色。

所以，面对生气的人，一定要采用理智的方式去应对，千万不能硬碰硬，他骂你什么你就针锋相对地骂过去，这只会彻底激怒他，让他做出更过激的事情出来。

伟大的心理学家弗洛伊德，将一个人的人格分为"自我""本我""超我"三个层次，其中自我追求现实原则，本我追求快乐原则，超我追求道德原则。这三个"我"构成了一个人的完整人格，人的一切心理活动都可以从他们之间的联系中得到合理的解释。

其中，"超我"人格中的道德原则有三个作用：一是抑制本我的冲动，二是对自我坚信监控，三是追求完美的境界。

爱生气的人与人格机构中的超我有关，他们的超我在人格结构中占有很大的部分。

通俗地说，爱生气的人对自己有一定的标准，一旦外界的事情没有达到他们的标准，他们就会产生情绪攻击的行为。

这也就是爱生气的人容易为了一点儿小事就抓着不放，非要大吵大闹的原因。他们通常也明白自己的缺点，只是他们却苦于控制不了自己的情绪，所以才用了不合理的方式把它表达了出来。

彭磊和女友谈了6年的恋爱。他现在突然想分手了，在他看来女友脾气特别不好，容易胡乱发脾气。

5月20日那天，彭磊突然接到女友的电话，女友对他说："你到底爱不爱我，今天这么重要的日子你居然不发个520红包给我。"

彭磊赶紧给女友道歉，说自己工作忙，忘记了发红包的事情，但内心深处还是很爱女友的。

结果无论他怎么说，女友都不肯原谅他。彭磊只好放下手中的工作，跑来安慰她。

每一次，只要自己有一件事没有做好。女友不是发脾气砸杯子，就是要闹好几天。

这让彭磊感到很崩溃，在看了心理咨询师后，彭磊才知道女友是一个爱较真、人格有些紊乱的人。

怎样与女友相处，是彭磊当下需要慎重思考的问题。

爱生气分为对他人生气和对自己生气两种情况。对他人生气的这种情况比较好处理，而对自己生气则比较复杂。

通常来说，爱对自己生气的人，往往和童年时期的成长经历有关。他们的内心由于缺乏安全感，当外界的发展与自己想象的不一致时，他们便会通过惩罚自己来得到心理平衡。

与这样的人相处，一定得学会小心谨慎，照顾好他们的情绪。当你发现他们情绪不对的时候，就一定要及时对他们进行积极疏导，让他们从消极的思维状态里扭转过来，从而恢复正常的情绪。

爱生气的人，并不是蛮不讲理的人。在情绪正常的时候，他们也是能够听得进别人的话，能正常地生活和学习的。

你只要掌握下面的知识，你就会发现爱生气的人其实也很好相处的。

1. 学会理解他人

爱生气的人是属于性格耿直的人，他们常常有什么话就说出来，不会藏在心里。如果他们的直接让你感到不舒服，你要学会试着去理解他们，他们只是就事论事，并没有针对你的意思。只有做到这一点，你才能和他们正常交流。

2. 爱生气的人是需要关心和鼓励的人

脾气不好的人在发脾气的时候，他们自己的心情也是不好受的。他们内心深处希望能够得到你的理解和疏导。

如果这时候你能走过去对她说："亲爱的，你累了，先坐下来好好休息，我们有话慢慢来说，好吗？"相信她很快就会停止争吵。

3. 不要带着人生导师的角色去说教

生气的时候，一个人的情绪是很不稳定的。在这样的情况下你的任何说辞，对处于情绪激动之中的人来说都不起任何作用。

你即使有许多道理要对他们讲，也要等他们心情平静下来后再去说。在他们气头上和他们说道理，只会激化他们的坏脾气，让场面闹得更加不可收拾。

4. 不要开过分的玩笑

生气的时候，如果你对他们开过分的玩笑，也会让他们的情绪更激动，觉得你是在挑衅他们的极限。这会让他们对你暴跳如雷，情绪更加恶化。

5. 试着去理解他们的情绪

也许你和爱生气的人相处起来，觉得他们变化无常。但你可以试着去思考他们是因为什么事情在发脾气，找到其中的根源，帮助他们理解事情的来龙去脉，让他们不要被坏情绪影响。

6. 学会巧妙地提醒他们

如果生气的人，一直在发脾气，没有停下来的趋势。你可以走到他们面前，轻轻地对他们说："你生气了吗？你现在的样子让我感到很害怕。"

这样的提醒，是给他们积极的反馈，让他们意识到他们在做什么，从而让他们迅速调整自己的状态，停止生气。

7. 不要与他们针锋相对

正在气头上的人，尤其不能接受别人对他们的批评，自己即使错了也不肯低头。但等他们发完脾气后，你再去和他们说道理，他们反而会诚恳地道歉。

所以，在遇到正在气头上的人面前，你要学会避开他们的锋芒，主动向他们认错，等他们平静过后，再与他们讲道理。不能与他们针锋相对，把事情弄得更加复杂。

8. 提高自己的个人修养

有人说，你之所以生气是因为你的修养不够。当你被情绪不良的人攻击后，你完全可以冷静下来，提醒自己没必要去生气。

当你和爱生气的人相处的时候，你也可以告诉自己，他们只是不知道怎么表达情绪而已，我不值得和他们去计较。

生气的人虽然有他们不好的一面，但只要你明白了上面的知识点，与他们交流起来多注意，你也能够轻松地与他们交流，与他们成为朋友，丰富你的人际圈。

二、别因为误会，错失了好朋友

有人说，没有朋友的人生就像是身处在孤独的沙漠，让人感到荒凉和寒冷。朋友对我们来说，是一笔珍贵的财富。

当我们累了，想找人倾诉的时候，朋友会是我们最好的听众。人际交往中，能够认识的人很多，但能够经过时间的考验，成为彼此认可的朋友的却很少。

然而，现实生活中，许多好朋友却因为小小的误会，最后成为互不来往的陌生人，让人感到惋惜。

你有没有因为误会，而失去朋友呢？

孙腾和肖遥是从小玩到大的好朋友，他们住一个小区，他们的爸妈也是好朋友。

从学前班到初中，孙腾和肖遥都是形影不离的同班同学。可初三那年，因为一场误会，孙腾便和肖遥成了陌生人，再也没有了联系。

那一天，孙腾发现自己的日记本被放到了课桌上。日记本被打开了，上面放着自己亲笔写的一张纸条：张明芳，我爱你！

结果，被好事的同学看到了。班上瞬间传开了，说孙腾在暗恋班上的同学。最后班主任老师也知道了，老师把他叫到办公室狠狠地批评了一顿。

孙腾回到教室后，发现同桌的肖遥正在和同学小声讲话，并且还笑个不停。孙腾气愤地问他：“是不是你把我的日记本打开来看的？

你为什么要这样做？”

肖遥笑着回答说不是他，他也不知道是谁打开的。孙腾没有相信他的话，第二天孙腾便申请转了班级。

从此后，孙腾再也没有和肖遥讲过话。每次肖遥在路上遇见他，想和他解释的时候，他扭头就走开了。

3年后，孙腾才从同学的口中得知，当年是他误会肖遥了，日记本是班长去检查作业的时候打开的，与肖遥一点关系也没有。

孙腾听后后悔不已，初三那年，自己疏远了肖遥，肖遥中考后，一家人便搬去了外省，和所有人断了联系。

两个原本亲密的朋友，因为误会就这样变成了陌生人，不再来往。

茫茫人海，两人能成为朋友，是一种缘分。在缘分的天空下，共同成长，共同见证彼此的岁月。

在时间的酝酿下，会变成美好的回忆。这样的情分，我们应该好好珍惜。因为一段感情，错过了就真的错过了，不是你多少金钱和时间就能买回来的。

有些误会，也许我们当时看来，对我们的打击很大，可等你冷静下来，你会发现事情其实并没有那么严重。

心理学家海德在归因理论中说过，人们有两种强烈的需要：一种是形成对周围环境惯性理解的需要；另一种是控制环境的需要。

有时候，你觉得朋友所做的事情让你感到很难过，你觉得无论出于怎样的理由，他都不能被原谅。但只要你理智一点，能够听一下朋友的解释，或者你能够勇敢地去揭开事情的真相，误会便能化解。你也不会因为一场小误会，就错失了一个好朋友。

诗茹和苏敏是一对好闺密，平时她俩没事的时候总是在黏在一起。后来因为发生了一件事情，她们的关系一下子出现了危机。

诗茹生日那天，她从男友手机上看到了男友和闺密苏敏的对话。

诗茹顿时火冒三丈，听人说"一个女生不能太单纯，一定要防火、防盗、防闺密"，没想到现在闺密竟来勾搭自己的男朋友。

越想越生气，毫不犹豫地将闺密拉入了黑名单。

闺密发现自己被拉黑后，写了封信为自己辩解，结果被诗茹当场给撕毁，还放下狠话说，这辈子她俩都不可能成为朋友了。

后来，男友告诉诗茹，是她误会了闺密。男友和闺密聊天，只是想向闺密咨询下买什么礼物给诗茹而已，并没有什么其他的事。

诗茹仔细看了闺密和男友的聊天记录后，发现男友说的是真话，自己确实误会了闺密。

经过诗茹多次的道歉，闺密原谅了她，她们又成为无话不谈的好朋友。

生活中，发生误会的事情有很多，它大多是由于交往中的一方主观地把自己看到的当成真相，从而冤枉了另一方，导致两人之间发生了矛盾，产生了不信任的情况。

误会，只是你先入为主，过度揣测，把事情想象成另外一回事。所以，你和朋友才有了误会。

但"精诚所至，金石为开"，只要你抱着诚恳的态度，趁早把误会给解开，那么你们之间也许还有可能回到最初的美好关系。

毕竟，生活中的每个朋友，都值得我们去珍惜。

1. 你应该主动去澄清误会

当你和朋友有了误会后，千万别只顾在原地等待，让朋友来给你解开误会。

作为朋友，你更应该主动去把误会给澄清，因为你只有主动站出来，把事情的真相说清楚后，你才不会失去一个好朋友，如果你不主动，朋友也不主动，那么误会就永远是误会，你们之间便有一道鸿沟影响着你们的交往，它甚至会让你们成为路人。

2. 学会放下你的面子观念

在向朋友解释误会时，你该道歉的时候就一定要道歉。不能因为害羞、不好意思等面子观念问题，让朋友看不到你的诚意。

你只有学会妥协，抱着真诚想要和朋友继续交好的态度，才会打开朋友冰封的心，让你们之间的友谊出现转机。

3. 学会选用多种通信方式去澄清误会

现在的通信设备很发达，在你和朋友澄清误会的时候，你可以根据你的实际情况来灵活选择。如果你不想当面交流，你还可以选择用微信、QQ 等平台来交流。

只要你觉得用哪种方式能把误会第一时间解释清楚，你都可以拿来使用。

4. 学会控制住自己的情绪

在与朋友澄清误会的时候，也许你们之间还存有很深的芥蒂，误会不能一下子就解释清楚。有时候你可能会情绪激动，控制不住自己情绪而说出过分的话。这时，你可以在心里暗示自己，你是来澄清误会的，不是来和朋友吵架的。你们之间的误会，只有坦诚地交流才能够得到妥善处理，你不能因为控制不住自己的情绪，让误会变得越来越深。

5. 学会在乎对方的感受

发生误会后，被误会的一方难免陷入悲伤的情绪状态里，你让他瞬间理解你、原谅你，这对他来说可能会有些困难，他需要时间去消化你们之间的矛盾。

这时候，你一定要冷静下来，学会站在对方的角度去思考问题，去尊重他的内心感受。给对方一个缓冲的时间，才是你最明智的选择。

6. 学会借助别人的力量

如果你们的误会已经很深，你用了多种方法也无法化解。面对这样的情况，你可以考虑去请别人来帮忙。

比如，你可以找一个你和对方都认识的朋友，让他出面从中调和，多劝导，说不定在别人的帮助下，你们的误会轻易间就得到了完美的处理。

7. 学会给彼此一个机会

误会有时候很难解开，并不是两个人之间发生的事情有多严重，而是取决于交往的双方是否能给对方一个澄清的机会。

如果一方耿耿于怀，不接受别人的道歉和解释，另一方又不肯用尽办法去解释误会，两人陷入一种尴尬的局面，那么误会就真的很难化解了。

与其让误会使朋友变成陌生人，还不如两个人都选择各退一步，给对方一个机会，让误会得以澄清、好朋友永远是好朋友。

生命中，每个人来到我们的世界，就一定有他要来的理由。我们只有珍惜了每个朋友，才能够让我们的人际交往圈，变得丰富。

误会，没有什么大不了。只要你肯用心去澄清，它就不会阻挠你和朋友之间的美好感情！

三、学会巧妙提问，收获更多消息

现代社会是一个交际社会，无论你从事什么行业，都离不开与人沟通。怎样沟通，才能让别人明白我们想要说什么，从而促进双方的交流和合作呢？

也许你会说，只要认真听对方的谈话，然后再组织好自己的语言就好了。不，与人谈话，听只是一方面，你还需要掌握提问这一门学问。

提问并不是你想到了什么，就不假思索地去问，而是要围绕着谈话的内容，以及自己的目的来展开。

我们先来看下面的故事。

李萍和男友分手了，她感到生活没有了意义，一度悲观，不知道以后的人生该怎么过。

今天，她和闺密在咖啡厅喝咖啡，闺密看到她心神不宁，有些担心地问她："萍，你最近是不是遇到了什么麻烦？"

李萍勉强挤出一丝笑容，回答说没有，只是昨晚没睡好，看起来没有精神而已。

闺密凭直觉知道李萍有事瞒着自己，她突然想起了李萍之前在朋友圈发的内容，上面有这样的文字："爱情到底是什么呀，我怎么受了伤，还不知道自己究竟错在了哪里？"

闺密一下子明白过来了，原来李萍谈恋爱受伤了，难怪她一副闷闷不乐，魂不守舍的样子。

闺密知道不能和李萍讲道理，于是换了个思路和李萍讨论起爱情。她对李萍说：“你觉得爱情是什么，一个人爱上另一个人后会有哪些变化？”

李萍听完闺密的问话，认真地思考了起来。她说爱情就像糖一样让人感觉到很甜蜜，却像又咖啡一样让人感到苦涩。失恋后，自己就像是孤魂野鬼，不知道该怎么走以后的路。

闺密听了李萍的回答后笑了，她知道李萍的思维清晰，说明还有救。

她安慰李萍道：“爱情在与否，都深藏你的记忆里。你现在还是你自己，并没有失去什么。你还能过接下去的生活，不是吗？”

李萍想了想，是呀，爱情本来就像童话般美好，现在自己只要勇敢地过接下来的生活就好了。

想通后，她不再苦恼，恢复了往日的笑容。

闺密和李萍的谈话，看似简短，但却有着很深的学问在里面。闺密没有长篇大论地讲大道理，而是以巧妙地提问，打开了李萍的心，把她心里的结轻松地解开了。在她们的谈话中，涉及两种巧妙的提问方式：开放式提问和封闭式提问。因为有了这两种提问，才让她们的对话得以顺利展开，最终取得了良好的效果。

开放式提问，通常以“什么”“如何”“为什么”“能不能”等来展开。答案是没有限制的，听者可以就自己的意愿做出具体的回答。

封闭式提问，与开放式提问刚好相反。它的答案是唯一的，在提问时给对方一个框架，让对方只能在框架里选择回答。它通常使用“是不是”“要不要”“有没有”“对不对”等词汇发问，而回答者通常用“是”“要”等简单的词语来回答。

这两种提问，在人际交往中常常会被高手加以利用。如果你学会了，你会发现与人沟通起来，会有着事半功倍的效果。

一般来说，沟通分为：口语沟通、书面沟通、肢体动作沟通。当你在与人沟通的时候，如果用语言沟通不起效果的话，你可以尝试书面沟通和肢体动作来沟通。

当然，提问的方式除了开放式提问和封闭式提问外，还有很多种。只要你觉得你的提问，是有助于你们之间的谈话，你都可以拿来使用。

不过，为了让你的提问能够促进你们之间的谈话，你还需要明白很多基本的常识。

1. 提问前先整理好对方的谈话内容

你只要心中有数，听明白对方的话，你才知道自己还有哪些不明白，需要向对方问什么问题。

因此，在听对方说话的时候，要学会理清对方的逻辑和思路，他先后给你讲了什么内容，他最想让你知道的是什么内容。你只有先把这些东西消化后，才能明白对方谈了些什么。

2. 不要追问细枝末节的问题

你们之间的提问，只有围绕着谈话内容的关键部分来展开才会有效果。你没必要去问对方一些琐碎的，与主题毫无关联的话。这只会让对方觉得你很无聊，并且你没有听明白他在说什么。

3. 提问前要在内心打好草稿

与人交谈，言简意赅的方式是每个人都喜欢的。在提问的时候，如果你简单又准确地表达你想表达的意思,对方听起来会觉得舒服，你自己也省去了不必要的解释，对你们交流双方来说都是有利的。

为了达到提问言简意赅的效果，你在提问前可以在内心打好草稿，理清自己要说话的内容，以及它们之间的逻辑关系，确认无误后再用简单易懂的句子描述出来。

4. 不要问模糊或者刁钻的问题

在提问的时候，你要明白，你们的谈话是为了达到共同的目的，而不是为了难倒对方，甚至是故意人为地制造问题。

组织语言的时候，你要想象一下对方听到你的话后会怎样回答你，你的问题有没有给对方造成难堪，更不要问一些模糊或者刁钻的问题，让人无法回答，与你们的谈话宗旨背道而驰。

5. 带着真诚友好的态度去提问

人和人之间的交流，态度起着非常重要的作用。很多时候，如果你抱着真诚友好的态度去提问，即使你的问题没有多少含金量，对方也会因为你的真诚而回答你。

但如果你提问的时候，带着不尊重、轻视的态度去攻击他人，那么你也会遭到对方无情的拒绝。

6. 对自己不熟悉的领域要慎重提问

问题问得好，会让人觉得你很懂行，让人对你刮目相看。但如果你为了吸引别人的注意力，对自己没把握、不擅长的知识胡乱去发言提问的话，会让人觉得你在班门弄斧，甚至是哗众取宠。

所以，提问前要思考一下，自己所掌握的资料是自己真实了解的还是道听途说。

如果自己对聊天涉及的知识点并不是很熟悉，那么就注意自己的措辞，千万不要不懂装懂，闹出笑话来让人看不起你。

人际交往中流行着这样的一句话：“会说的不如会听的，会听的不如会问的。”说话与提问，是人际交往中永远离不开的两项重大内容。

许多经验表明：会提问，能够为你获得更多的交流机会，从而更好地促进你的人际交往。为了让自己能交到更多的朋友，不妨多学学巧妙提问的技巧吧。

四、每个人都有无助、需要帮忙的时候

一个人活在世上，难免会遇到需要别人帮助的时候。其实，生活中的我们，都有各自的烦恼，有各自的难题需要去处理。当你看到别人向你伸出求助之手时，是否会帮忙呢？可能你会选择冷漠处理，暗自走开。

但如果你能停留下来，给予对方帮助，哪怕你的帮助很低微，也会照亮他的心，给他温暖的感受。

小张到新公司上班了一年多，很少看他与周围的人讲话。他每天按时上下班，工作也很努力。

刚开始，大家都以为小张是一个性格古怪、不好接触的人，后来，看到小张参加公司的征文活动后，才知道小张的身上竟然有着这样的故事。

小张在征文里写到，他从小和爷爷奶奶长大，大学毕业后他原本想着凭自己的努力，让爷爷奶奶过上好的生活。可没想到，爷爷奶奶出了车祸，离开了人世。小张很多年也没从这件事里走出来。

同事们知道小张的故事后，开始每天热情地和他打招呼，主动和他谈心，渐渐地小张脸上有了笑容。

后来，集体活动的时候，小张也加入到大家的阵营。他说，同事们的热情，融化了他的心，让他感觉到工作比原来快乐了许多。

他开始觉得同事们像家人一样温暖，同事们也发现小张变得越来越开朗了。

热心助人，是我们中华民族的传统美德。

当你的身边出现了需要帮助的人时，你一定要及时站出来，尽力给他们提供帮助。哪怕你的关心微不足道，对他们来说却是异常的温暖。

就像歌里唱的："只要人人都献出一点爱，世界将变成美好的人间。"

可能你不知道，总有人，在你开心的时候，一个人躲在角落哭泣；在你笑得灿烂的时候，哭得很绝望。如果我们能传递给他们爱，那么将会点亮他们心底的阴暗。

很多时候，当你抱着热心助人的心态去交朋友，你反而会收获到更多。

孟祥和吴玮是一对好哥们儿，他们在念大学的时候就认识了，到现在已经有八年的历史了。

大一军训期间，孟祥在学校勤工俭学，给某公司做宣传。有一次，他敲开一间寝室的门，正准备介绍业务，却看到吴玮一个人坐在床上，低声哭泣。

一个大男生怎么会哭呢？孟祥觉得很奇怪。走到他面前，关心地问道："同学你好，你是遇到什么事情了吗？你看起来好像很难过的样子。"

吴玮用手擦了擦脸上的泪水，道出了原委。原来，吴玮来自偏远的农村，家里挣钱不容易，他不小心把一个月的生活费给弄丢了。

他不好意思向家里人要，刚到学校来，他人生地不熟，只好躲在寝室一个人哭了起来。

孟祥听完后，对他说："这样吧，我先借你1000元，等你有钱后再还我！"说完，孟祥便从包里取出一叠现金，直接递给了吴玮。

吴玮被他的举动吓到了："我都不认识你，你敢把钱借给我？"

孟祥笑着回答："刚不就认识了吗？放心，你是要还我的！"

就这样，因为一次借钱，孟祥和吴玮成为好朋友。这八年来，发生了许多事情，但他俩的关系却随着时间，变得更紧密。

人们常说，患难之时见友情。生活中，当别人遇到困难时，你如果能挺身而出，给予力所能及的帮助。在你需要帮助的时候，对方也会伸出援手，帮你度过难关。真正的友情往往都是在互相帮助的过程中建立起来。

我们每个人不可能一生都一帆风顺，都会有需要帮助的时候。养成热心助人的好习惯，不仅可以在危难时刻为自己找到帮手，还能在这个过程中结识更多有缘的人，交到好朋友。

1. 学会主动关心别人

善于交际的人，无论走到哪里都会主动关心别人。他们给人细心、体贴的良好印象。因此，别人愿意与他们真诚交往。

关心别人，并不需要你做什么。只要你能将对方放在心上，把他当朋友一样，去和他相处，懂得在适当时候嘘寒问暖，尽自己的能力去帮助他。

那他一定会记得你，愿意与你交往。

2. 遇到别人求助时不要敷衍对方

别人找你帮忙，是出于信任才来找你的。不管你能不能帮上忙，都要及时回复对方。千万不要许下空头支票，随意答应对方，到最后又找理由说自己做不到。这样只会更加伤对方的心，没有人喜欢被敷衍，如果你帮不了对方的忙，大可直接告诉他。

与虚伪应付相比，直言相告更让人容易接受。

3. 不要嘲笑奚落向你求助的人

当别人来向你求助时，即使你对他有意见，也不要借此机会去嘲笑他，说出伤人的话，要知道，他开口向你求助，花了很大的勇气。

有一天，你需要帮助的时候，你就会明白开口求人是一件不容易的事儿。因此，千万不要去嘲笑那些向你求助的人。

4. 学会为他人提供参考意见

有时候，别人可能只是为了一些小的事情来找你帮忙，希望你能给他们提供意见。遇到这样的情况，你要记住，你的意见只是参考，最终的决定权还是得由对方自己来取舍。

你可以试着站在对方的角度，去想他在担心什么，需要什么样的意见，思考清楚后，再结合你自己的认知，给对方说些具体的、有建设性的意见。

这样会让对方觉得你在尽力帮他，没有随意应付。

5. 帮助别人不要带有目的

如果你帮助别人，是为了得到对方的回报，或者想从对方身上获得什么好处。这样的帮助，就不再是单纯的帮助了。

真正的帮助别人，并不是为了让对方感激你，或者回报你。帮助别人是一种爱的传承，是我们与他人团结互助的美好见证。

有付出，才会有收获。在人际交往中，当你懂得主动去帮助别人，与他人友好相处时，你的人际关系也会因此而得到改善。

五、美好的感情，可遇而不可求

相识满天下，相知能几人。茫茫人海，能遇到一个懂自己，理解自己的人很难，但正因为很难，我们才特别渴望能有幸交上三五个知心朋友。

在竞争越来越残酷的社会，人与人之间的交往，充满了利益方面的取舍。拥有一份美好的友情，对于我们每个人来说，是一笔宝贵的财富。虽然，美好的友情可遇不可求，但只要你懂得去珍惜和经营，你也能拥有。

冯箐在大学的迎新晚会上，认识了小兰。她觉得小兰和自己的性格很像，两个人在一起总有说不完的话题。

很快，她俩就成了形影不离的朋友。每天约好一起吃饭，一起去图书馆复习功课，周末一起去市里游玩。

可后来，冯箐却渐渐地疏远了小兰。她不接小兰的电话，和小兰见面了也总是找理由匆匆告别。

小兰问她为什么要疏远自己，冯箐当着她的面说："你穿着老土，普通话也说不清楚，每次只要有你在我身边，别人就会笑话我。"

一年后，小兰成了学校的名人。她频繁地出现在学校的各种晚会上，担任主持人，不仅穿着时尚，还说着一口流利的普通话。

这时候，冯箐找到了她，向她道歉："对不起，以前是我的错，说话伤了你。现在我们还能成为朋友吗？”

小兰认真地看着她，回答道：“我们只是以前是朋友而已，再见！”说完后，转身离开。

真正的友情，不是建立在表面上。在与人交往的时候，我们不能因为对方的穿着、外表等方面不好，而不去与他们相处。

一个人的内在美更能打动别人，如果朋友有不好的地方需要完善，我们可以提出来，并帮助他积极改正。

如果你因为朋友长相不好，学识不好等原因而嫌弃他，那你凭什么说是他的朋友呢？共同成长，共同进步，才是友情最好的姿态。

老徐的孩子今年参加高考，被北京的一所重点大学录取了。当他正为孩子的学费发愁时，好友们纷纷到他家里来捐钱，给他解了燃眉之急。

他很羞愧地对大家说：“我哪里好意思要你们的钱呀！”朋友们听了，回答说：“一点心意，无论如何，为了孩子的前途，你一定要收下。”

原来，老徐之所以能得到好友们的帮助，是因为他在平时的生活中，总会帮助他们。

老徐是个很重感情的人，朋友中谁要是遇到什么难事了。他都会主动站出来，尽自己最大的能力去帮助。

在来捐钱的朋友中，邹钰是最深有体会的人。去年，邹钰生病住院，需要交一笔昂贵的医药费。但是他哪里有那么多钱啊？老徐得知情况后，在朋友圈帮他发布了“众筹”，并挨家挨户四处去募捐，才给他凑齐了医药费。

在内心深处，朋友们都把老徐当成是好哥们儿。现在他遇到了困难，自然要第一时间站来出给予帮助。

福往者福来，人心都是肉长的。你对别人好，别人自然也会对你好。美好的友情，是需要双方共同来维系和经营的。

朋友遇到困难了，你出手帮助，当你遇到困难后，他也会出面帮助。所谓患难见真情，你们之间的感情便在这帮助中得到巩固。

朋友间的感情不是靠甜言蜜语、金钱地位来维持的。它需要我们在平时相处中，通过一点一滴共同的经历来彼此认证。

只要你心里有对方，让对方感受到你的诚意，关键时刻，你能挺身而出。那你们的感情就能经得起时间和环境的考验。即使你们相隔多年再见面，依然会有说不完的话题，聊不完的事情。

总之，要想拥有美好的友情，我们必须要懂得好好珍惜。

1. 学会尊重朋友的决定

朋友间，彼此相互理解，相互尊重，这是朋友间相处最基本的要求。当朋友做了某个决定时，即使你不能理解，也不要去随意攻击和指责他。

你是他的朋友，应该尊重他，尝试站在他的角度去理解他内心的真实想法，希望他能实现梦想，不辜负他的决定。

做朋友最坚实的后盾，鼓励他、安慰他，而不是像别人一样给他泼冷水，无形中将会让朋友充满力量。

2. 学会保护好朋友的隐私

一个人的隐私，是他最私密的东西。要不够信任，我们才不会对别人说隐私的话。

如果朋友和你讲了他的隐私，那一定是很信任你才愿意告诉你的。作为朋友，你要对得起他的这份信任。

不要觉得朋友的隐私很有宣传价值，你便毫不犹豫将它公之于众，这样只会让朋友觉得你不值得信任，以后有什么话也不愿和你多说。

3. 不要和朋友开过分的玩笑

也许你会说，朋友间开玩笑是很正常的事情，所以你往往不假思索，胡乱地和朋友开过分的玩笑。

玩笑原本是为了缓解气氛，给大家带来愉快的氛围。但过分的玩笑，会伤害别人的自尊心，让人难受，反而会破坏聊天气氛。

在开玩笑之前，要慎重思考，自己的玩笑值不值得说出来。如果会伤害别人，那无论如何都不要乱讲。

4. 不要对朋友说人身攻击的话

良言一语三冬暖，恶语伤人六月寒。人身攻击的话，是一种语言暴力，它会深深伤害一个人的心灵。

再亲密的朋友，我们与其交流的时候，都要有分寸，不能说人身攻击的话。可能你自己觉得没什么，但是对方听了，会很受打击。

友情需要我们好好珍惜，不是拿来伤害的。

5. 与朋友大度相处

朋友之间能认识，是一场难得的缘分。在与朋友的相处过程中，我们要懂得宽容大度，不要因为朋友的一点儿小错误，就伤害了彼此之间的感情。

人非圣贤，孰能无过。当朋友不小心犯错后，你要用宽阔的胸怀去原谅对方，不要抓住他的缺点不放，咄咄逼人地指责他。

如果你能给他时间，或者帮助他一起改正缺点，你们之间的感情也会变得更加深厚。

聪明的你，不要抱怨自己交不到好朋友。从小事做起，努力完善自己，用心地去和周围的人接触，让他们感受到你的魅力。

时间久了，朋友们自然会向你走来，与你交往！

六、嘴上说没事的人，心里其实都有事

在人际交往中，我们会遇到这样的人。不管发生什么事情，他们表面上看起来云淡风轻，一副什么事都没有发生的样子，但其实他们的内心早已波涛汹涌，并不像表面那样平静。

在与人相处的时候，我们要学会透过现象看本质。从一个人的言谈举止中，看出他内心的真实想法和感受。

明白他人背后的情绪，我们才能更好地与他人友好相处。

好友来北京出差，这让罗瑞开心了很久。

吃过饭，罗瑞和好友坐在阳台上，和好友说起了这些年的近况。毕业后，他一个人跑来北京，成了一名北漂。

他住过地下室，吃过一个月的方便面，经历过交不起手机话费、没有钱坐地铁的尴尬处境。

好友打断他的话："我知道，你可能之前过得很辛苦，但你现在过得不是很好吗？"

罗瑞没有理会他的话，继续说道："有一年，北京下着大雪，我住的地方……"罗瑞看到好友在玩他的手机，突然停了下来。

好友不解地看着他，"怎么了，你要说些什么，你还好吧？"

罗瑞想了想，欲言又止。回答道："没事，我很好。本来想和你谈谈心的，不过现在没什么要说的了。"

好友转过身去，继续玩起了他的手机。他不知道，罗瑞此时的

眼里正流着泪。

与人谈话，最怕遇到这样的情况：你带着热切交流的心，准备了一堆话想和对方诉说，结果他却轻描淡写地回应你。你的热情瞬间被他影响，到最后你讲话的兴致全无，放弃了继续说下去的想法。

都说沉默的背后藏着声音，欲言又止背后藏着情绪。

很多时候，嘴上说没事的人，心里其实都有事。他们有许多话想要和你分享，希望能够得到你认真的倾听。

只是，你却没有理解他们的诉求，忽略了他们的真实感受。一场原本可以愉快友好的对话，就这样被你错过。

俞颖最近和男友分手了，闺密小潘知道后，替她捏了把汗。小潘担心地问她："失恋是一件痛苦的事情，你一定难过吧？"

没想到俞颖笑着回答说："不会呀，失恋了再重新找男朋友就好了！"

看她轻松的样子，小潘松了口气，之前还担心她会悲观难过，对生活失去信心，想着要帮她赶紧从失恋的情绪里走出来。

但当小潘看到俞颖每天乐呵呵的样子，像什么事也没发生过似的。没有多想，相信了她说的话，以为她真的已经忘记了失恋的痛苦。

直到有一天，小潘和俞颖闲聊，才知道俞颖并没有表面上那么轻松，实际上她还沉浸在失恋的痛苦中。

俞颖说："毕竟在一起四年了，现在说分手就分手。我还是不能释怀，深夜独处的时候，常常是以泪洗面，只是白天要上班，我会打起精神，做好自己该做的工作。"

小潘这时候才明白过来，原来嘴上说没事的人，心里不一定真的没事。

现实生活中，我们说话往往会身不由己，说话得根据场合、对象的不同而选择性地说。许多话，并不是我们想说，就能随意地说出口。

有些话如果你的方式不对，你说了对方不理解；你不说，又会委屈了自己。最后我们只好委屈自己，说一些言不由衷的话。

其实，嘴上说没事的人，大抵也是这样的想法。他们知道说再多话，也不能说出自己的心声，所以往往选择用一句“没事，我很好”来提前结束话题。

虽然他们外表看起来没事，但心里其实藏有许多无法倾诉的心事。他们强颜欢笑，只是因为心里的苦不知道向谁说罢了。

如果在人际交往中，你能捕捉到这些微妙的信息，用巧妙的方法帮助他们化解内心的烦恼，他们一定会在内心对你刮目相看，觉得你与众不同，充满了个人魅力。

1. 学会关注别人的突然沉默

有时候，你会发现这样的情况，当我们正和别人聊得欢快时，对方突然就停了下来。你问他怎么了，他回答你“没事，我很好”。

遇到这样的情况，你不能大意，认为对方真的没有什么事情。他很可能是情绪有所波动，才会突然保持沉默的。

你可以试着去关心对方，问他是不是有什么烦心事，如果有可以放心和你分享。打破别人的沉默，是你和对方能够继续交流的关键，如果你能抓住这个机会，往往能增进你们之间的友谊。

2. 学会看懂别人的表情

表情是我们每个人与生俱来的，它能够传递出一个人的喜怒哀乐。但很多时候，表情只是表情。比如，微笑只是一个表情，并不代表对方是开心的。

你要学会透过他人的面部表情，去读懂他的内在情绪，试着去分析他的心理活动在发生着什么样的变化。你好随机应变，组织好自己的语言，与对方洽谈。

3. 学会和强颜欢笑的人相处

生活中，有的人不愿意被他人看穿，即使发生了天大的事情，他们也会像没事人一样强颜欢笑。实际上，他们内心波澜起伏，只是他们故作镇定而已。

这时候的他们，需要的是陪伴和理解。因此，你不能当众拆穿他们，而是要试着去理解他们，照顾他们，让他们放下防备，勇敢面对真实的自己。

4. 不要当众指责别人心口不一

当你发现别人心口不一，说出的话和内心想的完全不是同一件事情时，要立即冷静下来，不可当众指责对方虚伪，说伤害对方的话，这只会让他感到难堪。

每个人都有自己的苦衷，有些话不想让别人知道，说出的话会和内心不一致，这是一件很正常的行为。我们应该去理解和尊重对方，不要妄加指责。

友谊的天空需要爱来灌溉。多去理解别人，读懂别人的情绪，你就不会被一些表面现象所迷惑。

嘴上说没事的人，他们心里很可能是有事。如果你能走入他们的生活，与他们成为朋友，你会发现他们其实和你想象的不一样。

七、肯对你说真话的人，值得珍惜

现实生活中，肯对你说真话的人往往很少，因为说真话容易得罪人，只有那些把你当朋友，不怕得罪你的人，才愿意和你敞开心扉说真话。

如果你生命中遇到了肯对你说真话的人，一定要好好珍惜。不要因为他们的真话让你听了不舒服，而选择离开他们。

说真话的朋友，是我们生命中的贵人，他们不会主动讨好你，为了让你变得更好，才大胆说了真话，你要理解他们的良苦用心。

孙洪喜欢写作，这次参加全国大学生作文比赛，他获得了二等奖。同学们都为他感到高兴，说他真优秀。

听了太多的溢美之词，孙洪不禁感到飘飘然，逢人便吹嘘，说自己是个天才，以后一定能出书，当作家。

在他没获奖之前，还经常和好友小冯去图书馆读书学习。可自从获奖后，他开始和室友每天去网吧打游戏，不再刻苦用功。

一天下午，小冯找到孙洪，对他说："你的文笔还有待提高，你不能骄傲，你应该更加努力学习，多看书才对！"

孙洪听了他的话，不屑地回答："我这么有才，还用得着看书吗？哈哈，你就别说笑话了！"

小冯看了他一眼，知道说再多也没用，只好转身离去。两年后，小冯的新书出版，销量不错。

在签售会现场，小冯对读者朋友们说出了自己的心声："我有一个好朋友，他的文笔在我之上，如果他能一直努力，他也能出书。"

台下的孙洪听了，沉默不语。

这两年来，他早已忘了自己的文学梦。他知道，如果当时能听好友的话，认真努力，凭他的实力，他也能出版属于自己的新书。

"良药苦口利于病，忠言逆耳利于行。"

很多时候，好听的话让人听起来舒服，但这些话不一定有价值。难听的真话虽然听起来刺耳，但却是为你着想，希望你能进步。

人际交往中，为了迎合别人，得到他人的好感，许多人常常带着自己的目的，对他说尽各种好听的话。只有那些不怕得罪你，关心你的人，才敢掏心掏肺地对你说真话。

他们用自己的诚意，自己的真话来帮助你成长，是你生命中的贵人。不管怎样，你都应该好好珍惜他们。

戚辉最近心血来潮，打算用自己多年打工存下的积蓄，在市中心开一家饭店。

他只有初中文凭，初中毕业后，就去外地打工。没有开店的经验，更没有饭店运营的头脑。亲戚都劝他不要贸然行事，否则只会遭遇失败。他却不管不顾，执意要开店。和他一起从小玩到大的朋友小张知道后，也劝他不要开。

小张对他说："开店不是那么容易的。你知道如何管理好员工吗？知道如何打造你的饭店吗？如何让饭店在同行业激烈的竞争中生存下去，你有做过认真考虑吗？"

戚辉摇了摇手："这些都不用操心，我负责出钱，请其他人去处理就好了。”

后来，戚辉的店才开了三个月，就亏损了 80 多万元。

他不懂经营，饭店生意不好，员工和厨师的工资不能按时发放，他早已入不敷出。再开下去，只会让他陷入更加艰难的局面。

万般无奈下，他关闭了自己的饭店。

这时候，他才后悔不已。如果当初他听了朋友的话，也不至于落得这样的结果。

有的人常常一意孤行，即使身边的人和他们说了最真心劝告的话，他们也置若罔闻。他们决定了的事情，九头牛也拉不回来。

殊不知，当局者迷，旁观者清。听听别人的意见，能让我们规避风险，不犯不该犯的错。即使对方的话有不对的地方，我们也可以拿来参考，而不是一棒子打死。

能听得进去别人话的人，一定是会思考并且胸怀广大的人。这样的人，我们应该多向他学习。

要知道，甜言蜜语的话好听，但不靠谱。忠言逆耳的话难听，但却最真诚。肯对你说真话的人，不是为了取悦你，也不是对你有所图。他们只是对你有所期待，希望你变得越来越好。他们的真心，你应该能感受到。不要因为他们的话让你不舒服，就选择了忽略他们。

1. 珍惜对你直言不讳的人

当你遇到对你直言不讳的人，一定要好好珍惜。他们虽然说话直接，让你当时听了不舒服，可回头仔细想想，你会发现他们的话，能指出你身上存在的不足之处，让你知道还有哪些地方需要改善。

没有人会无缘无故去挑你的毛病，说你这不好那不好。直言相告的人，虽然说话方式可能不对，但比起当面夸你，背后又各种损你的人来说，要友善很多。

2. 只有在乎你的人才会说真话

现实社会中，事不关己高高挂起的人有很多。不在乎你的人，他们不会对你的行为说任何话。只有在乎你的人，才会为你着想，对你提出诚恳的意见。

他们苦口婆心，用真话点醒你，是希望你能引起重视，注意自己的问题，让自己变得越来越好。

3. 说真话的人并不是对你有所企图

不要以为对你说真话的人，是想从你身上谋取好处。说真话其实是一件冒险的事情。

有些话一说出口，朋友就会变成陌生人。但即使面对这样的风险，他们还肯对你说真话，足见他们对你的坦诚。

不管你是成功了还是落魄了，对你说真话的人都会一样地对你。他们是真心实意为你好，如果你能好好听他们的话，你会发现他们的话并不是没有作用的废话。

4. 不要轻易和说真话的朋友翻脸

如果你因为朋友的真话而难过，觉得他是在胡言乱语，一气之下你拉黑了他，不愿意再与他来往。

以后你自己吃亏了，才会后悔当初没有听朋友的话。真话听起来是很刺耳，但真话背后却包含了对方对你的期待。因此，千万不要因为别人的真心话难听或者刺耳，就将对方拒之门外。

真话连着真心，透过他们的真话，你能看到他们对你满满的关心。有生之年，能遇到他们，你应该感到荣幸！

第六章

透析交往艺术，升华你的人际关系

一、过犹不及，话不必说得太满

学过哲学的人都知道，量变引起质变，任何事物一旦超过了自身的范围和幅度，就会引起相应的变化。

这提醒我们，在生活中做事要懂得适度原则，也就是要掌握一定的分寸和度。这在人际交往中，也同样适用。

我们与人说话，不要把话说得太满，这样我们才能进退自如。

给别人留下空间，也是给自己留下后路。

老杨是一家超市的销售员，她在超市上班十年了，是老员工。

超市最近招进来一名新同事。老杨对这名同事的工作很不满意，总是爱针对她说话。

有一次，她对那名员工说道："你口才不好，对销售知识也不精通，一看你就不适合在超市上班，你还是回家吧，别出来上班了，丢你爸妈的脸。"

新同事没有说话，只是默默地坚持做好自己的工作。其他同事觉得老杨有些过分，纷纷劝她不要说话针对新同事。毕竟新同事刚来，不适应环境是很正常的。可老杨却不理会同事们的话，仍然对新同事出言不逊，常常让对方难堪。

两年后，新同事因为表现优秀，被领导提拔为销售部的经理，管理销售部的一切。

最看不起的同事，竟然变成自己的领导？以后朝夕相处，该如何面对?

老杨想到自己曾经处处刁难过这名新领导，等她上任后自己面子往哪搁呀?她越想越觉得没有面子，不知道以后该如何在超市立足。

她思考再三，最后还是主动辞职，离开了公司。

俗话说，“人情留一线，日后好相见。”在现实生活中，没有永远的敌人，也没有永远的朋友。

遇到摩擦的时候，我们应该抱着友好平和的心态去化解。没有解决不了事情，只要大家愿意坐下来，彼此交流，就能将问题解决。

心理学上有一个著名的理论，叫晕轮效应，它是指我们对一个人形成了一个大体印象后，会以这张印象相一致的方式去估价他所有的特征或特点。

晕轮效应，也叫光环效应。它能影响个体接收社会信息的认知架构，导致个体对他人产生错误的判断。

话说得太满，容易让有晕轮效应的人对你产生误解，觉得你是个说话浮夸，不认真严谨的人。

在与人说话时，不要把话说得太满，你一时说高兴了，却会为日后的相处留下后患。学会留有余地，给自己和他人留下一个缓和的余地。你们之间的相处，才会游刃有余，不至于陷入难堪的局面。

谢雨是一个很受朋友们喜欢的人，大家都说她说话算话，很讲诚信，与她交往有安全感。

其实，这与谢雨懂得说话有度有很大关系。谢雨一直秉持一个观点，与他人交往，不把话说满，是对别人的尊重，也是对自己的尊重。

比如，有一次，朋友们打算去西班牙旅游，邀请谢雨一同前往。谢雨从小梦想着去西班牙旅游，如果不上班，她会毫不犹豫便答应朋友们的邀请。

但谢雨当时在上班，她接到朋友的电话后，仔细想了想，回答说："我问问领导，如果能请假我就去。"

当领导说单位最近很忙，所有员工不能请假。她立即给朋友们回复，说单位忙，自己去不了。

朋友们听了她的回答后，表示理解。

有时候，朋友有事找谢雨帮忙。谢雨不会说大话，更不会胡乱答应，说些保证帮忙办到的话。

相反，她会根据自己的实际情况，尽自己最大的力量给予帮助。

最后，即使她没能帮上朋友们的忙，朋友们也不会怪她。反而觉得她很热心肠，是个值得相信的人。

任何事情都不是绝对的，很多时候事情往往会出乎我们的意料。如果你的话说得太满，会给自己带来难堪。

人际交往中，你所说的每一句话，都代表着你整个人的修养。

可能你自己没有发觉，你随口说的话，自己早就忘了，但别人却会记在心里。通过你的每一次谈话，来评价你在他心中的位置。

好好说话，你才会拥有良好的人际关系。

1. 不要盲目下定论

很多时候，道理并不是只能从一个方面去看它才是道理，换个角度去看同样也具有一定的道理。

即使你对某个问题有自己的看法，也请不要过早下定论，要允许特殊例子的存在。因此，在与人说话的时候，你要客观公正，不要大言不惭胡乱说话。

2. 不要说太绝对的话

太绝对的话，一说出口，会让你自己没有退回的余地。你知道的信息，也许还存有盲点，你应该考虑清楚了再说。

说太过绝对的话，一旦你的话漏洞百出，会给对方留下你很武断，甚至是很无知的印象。

如果你想交到更多的朋友，就请记住说话之前认真思考，别说绝对的话，给自己留有余地，也给自己留下良好的形象。

3. 学会理智答应别人

当有人遇到困难找你帮忙的时候，你要先思考对方的情况和自己的能力，在确定自己能帮上的忙的时候，再回答对方。

你的回答，会让对方充满期待。如果你不假思索，便拍胸脯保证："放心吧，这事就交在我身上了。"但是最后，你没有帮上对方，只会让人觉得你不讲信用。

同样，当你要答应参加朋友的活动时，也要先想清楚自己是否能准时参加。如果不能，把原因及时向朋友解释清楚，这样朋友也能理解，免得你失信于人。

4. 学会点到为止

在和别人相处的过程中，掌握说话的分寸很重要。比如批评的话，你必须要掌握一定的分寸，否则只会伤害你们之间的感情。

最好的方法是点到为止，你可以简单地说出你的感受和朋友存在的问题，当对方明白了你的意思后，你就要停止下来，给他消化的时间，千万不要不知分寸，一股脑儿地说个没完。

5. 提前构思好说话框架

为了让自己的谈话，能够一直在自己的控制范围，在说话之前，你可以先在脑海里构思，要先讲什么，后讲什么，你最终想要达到什么样的说话目的。

当你构思好自己说话框架后，你的逻辑会很清晰，说出的话会更有条理，也会紧紧围绕你的主旨来展开，不至于出现说话随便，胡乱说话的场面。

话说得好，不如说得巧。很多时候，你的话说得越有度，越能够让人听得舒服悦耳，也更能显示出你的说话水平。

只要你说话有水平，周围的人都会喜欢你。

二、看透不说透，我们还是好朋友

“世事洞明皆学问，人情练达即文章。”

在现实生活中，人情世故是我们必须要面对的问题，如果你能处理得好，那你的生活将会变得游刃有余。

与人交往，离不开人情世故。

人际交往中该如何与人说话是一件很大的学问，事实上有许多人常常不懂得看透不说透的道理，他们凡事喜欢说追究对错，非要将事情说透才肯罢休。

最后他们得罪了朋友，给自己也带来了麻烦，陷入了难堪的局面而后悔不已。

文博和好友逛街，在等红灯的时候，遇到了这样一件事。

一个女生拿着一张二维码图片，走到他们面前，说自己是某公司的员工，公司最近在做宣传，邀请他们扫下二维码加关注，系统认证成功后，会送礼物给他们。

好友打开手机正要扫二维码的时候，被文博制止了。

文博生气地对名女生说：“你这个是套路吧？你故意说送礼物让我们关注，套取我们的个人信息，之后便随时发广告信息骚扰我们，对吧？”说完后，他得意扬扬地看着对方。

女生脸红了，没有说一句话，转身就走了。文博跟好友解释：“她送礼物是假，想骗取客户的信息是真，你别上她的当！”

没想到好友没有感激他，反而对他说了一段话："即使你看懂了别人，也不要说穿。毕竟，她也不容易，你完全可以用更好的方式去拒绝她，而不是当着对方的面，赤裸裸地伤害，你明白吗？"

听了好友的话，文博沉默了。他知道刚才他的行为已经严重伤害了别人。

我们每个人都希望得到他人的尊重，得到他人礼貌地对待。当你以为看透了对方，毫无顾忌地将你的观点全部说了出来，却不知道你已经在不经意中犯了大错。

你们的友谊之船，瞬间翻倒。

因为即使你说得全对，你在大庭广众下伤害了对方也是不对的。给别人留一分颜面，不仅是尊重对方的体现，也是你个人修养的体现。

看透了事情的真相，你自己知道就好。一旦你说了出来，会让当事人处于尴尬的境界，也会让你自己处于被动的局面。

杨琳和宋洁原本是关系很要好的朋友，她们毕业于同一所大学，在同一家公司上班。

最近因为一件小事，她俩从好朋友变成了陌生人。

有一天中午，同事们聚在一起闲聊。宋洁突然神秘地对同事们说："我这几天看了命理学的方面书，可以通过看大家手上的掌纹，为大家推测运势情况。"

同事们听了，纷纷摊开手掌，让她给自己看看运程情况。在宋洁正高兴地为同事们解说时，杨琳突然从座位上站了起来，她调侃地对宋洁说道："宋大仙，你难道会算命呀？你是在哪儿修炼的？"

宋洁回答说："这是有科学依据的，况且我们也只是娱乐而已。"

杨琳眨了眨眼睛，对同事们说："你们就别听她忽悠了，你们知道吗，算命都是没有科学依据的，她这个怎么会靠谱呢？你们用脑子想想吧！"

宋洁生气地放下同事的手，回到了办公桌前。之后她就很少和杨琳说话，她们从好朋友变成了陌生人。

同事们都说杨琳有些过分，大家也只是觉得看掌纹推运势只是好玩而已，可偏偏杨琳要当大家的面将这件事给说透。

结果她是说高兴了，可却得罪了好朋友。

一个人能融入群体，和大家愉快相处，是情商高的表现。人际交往中，看透一个人，看透一件事，是一种聪明和能力，能够为我们更好地生活提供方便。

但能不能和周围的人愉快相处，也是一种能力。很多时候，看透不说透，是一种善良也是一种智慧。

看透不说透，能让你避免站在风口浪尖上，让你在复杂的人际关系中，做到保护自己，从而进退自如。

1. 学会尊重朋友的个人信息

每个人都有自己不想让外人知道的信息，当你将朋友的这些信息当众揭露出来后，会让朋友处于尴尬的局面。

有些事情，你自己知道就好，没有必要说出来。否则，友谊的小船很可能会遭遇危险，你们的友情将不复存在。

2. 明白祸从口出的道理

无论在什么场合，你说话一定要谨言慎行，话说多了只会给自己带来祸端。不要觉得自己聪明，能瞬间看穿别人在说什么，想要达到什么目的。

即使你真的能看穿，也要学会控制自己的嘴巴，保持沉默不要说出来。因为祸从口出，你说透了别人的事，不能给自己带来什么，但是却给对方造成很大的困扰，损人不利己。你只需装作什么都不知道就好。

3. 保持理智的状态

人冲动的状态下，往往会失去往日的理智，变得口无遮拦，什么话都敢讲出来。

但话讲出来了，就如泼出去的水再也无法收回。因此，你应该加强自己的个人修养，养成处事不惊的大气，随时保持理智的状态，控制好自己的言行。

4. 巧妙地回应别人的攻击

在人际交往中，常常会遇到不怀好意，攻击你的人。这时候，一定要冷静下来，选择巧妙地回应对方。

如果对方说了什么内容，你就气急败坏，把心里想说的话全部说了出来，这并不一定能解决你的危机；相反，还可能会因为你说不到重点或是说到对方的伤心处，让场面更加混乱。

你可以就着对方的话题，寻找有逻辑漏洞的地方，再进行反击。当然，在你实在想不到应对的话时，你可以用礼貌的微笑作答。

5. 做一个安静而有修养的人

看透别人，是一种能力，但不说透是一种修养。生活中，你会遇到各种性格的人，他们有自己的生活方式，道不同不相为谋，你没有必要选择咄咄逼人的方式，将别人说透，这既伤人又浪费你的时间。如果有这个时间，你还不如用来提高自己，做一些更有意义的事情，比如读书、旅行。

看透不说透，朋友关系还能继续。它需要意志力、自控力、文化修养等方面综合起作用。只要你长时间练习，你一定能够做到这一点。

你要明白，看透又不说透的人，不仅能照顾别人的感受，也能起到自我保护的作用。你的人际关系也会因此而受益。

三、幽默，是人际交往中的必杀技

有幽默感的人，在人际交往中常常会受到人们的欢迎。幽默，是一种能够打开别人的心扉，让人感受到你的魅力的一项交往技能。

人际交往中，幽默能帮助你营造气氛，能帮你为自己解围。

如果你懂得运用幽默的力量，去与人相处，那你的人际关系将会变得越来越好，吸引到更多的人与你交往。

罗杰刚到公司的时候，大家觉得他这人很木讷，和他聊天，他总是一板一眼地回答，让人感觉很沉闷。

他说自己就是这样的性格，不会开玩笑，也不知道该怎么幽默地与人交流。可后来，也不知道怎的，罗杰竟然成了一个幽默高手。

每次他和同事们交流，都会让同事们笑得前俯后仰，开心无比。这让同事们很惊讶，都说他像变了个人似的。

有一次，同事小王见他在抽烟。小王感到很奇怪，对他说道："你很少抽烟的，怎么今天会想到抽烟呢？"

罗杰缓缓吐出烟圈，一脸忧郁地回答："哥抽的不是烟，是寂寞！"说着，朝小王眨了眨眼睛。

小王瞪着眼睛看了他很久，吃惊地感叹道："哈哈，你什么时候这么幽默了！"此后，其他同事也发现罗杰说话和以前完全不同了。

相比以前，他说话风格有了太大的改变。他懂得运用幽默的语句来和大家调侃打趣，同事们都说现在和他交流起来感觉愉快了许多。

渐渐地，大家也改变了之前对他的成见，开始和他友好交流起来。

幽默的话，能够让人轻松一笑，让人忘记眼前的烦恼。生活中，那些懂得说幽默话的人，往往都是人际交往的高手。

和他们在一起，会让你心情愉悦。遇到任何烦恼的事情，都能被他们轻易化解。他们就像是一缕春风，给你温暖的感觉。

可以说，掌握幽默的技能，能迅速拉近你与他人的距离，让你人际交往中取得事半功倍的效果。

陈华是一名大学生，同学们都认为他是一个说话很幽默的人，他在班上的人缘很好，大家都喜欢和他相处。

事实上，在平时与家人的说话中，陈华也是个幽默的人。

有一次，快到月底了，家人还没有给他打生活费。他打电话给爸爸，知道爸爸在打麻将后，陈华幽默地和爸爸展开了对话："爸，你打麻将的钱有了，可你宝贝儿子吃饭的钱都没有了，你该不该考虑救济一下呢？"

爸爸听了他的话，笑着回答道："上周才给你打了1000元，现在就没有了。那你现在要多少才够？"

陈华想了想说："多多益善！"

爸爸问："2000元够不够？"陈华开玩笑地说："2000元哪里够嘛，至少也要10000元以上呀！"

陈华和爸爸彼此俩人在电话里笑了很久，没过多久，陈华就收到了爸爸微信转给他的3000元钱。

本来家里规定，陈华每个月的生活费在2000元左右，如果陈华直接开口向爸爸要钱，很有可能会惨遭拒绝。

但聪明的他，改变了思路，用幽默调侃的方式成功地要到了更多的生活费。

风趣幽默的谈话，能让人的心情一下子变得愉快起来。

很多时候，一场谈话之所以平淡乏味，往往和说话者是否用了幽默的叙述有关。

一个幽默的人，在与人交流时，能将沉默的沟通氛围营造得轻松有趣，让人感受到他们活泼开朗的性格，从而积极参与到他们的话题中去。

只要有幽默感的人，聊天就不会陷入冷场状态。你如果想要在人群中成为一个被人喜欢的说话者，可以试着运用幽默的力量。

要如何才能掌握幽默的说话方法呢？

1. 收集有趣的素材

在平时的生活中，你可以通过书籍、报纸、网络、电视上收集有趣的素材，比如好玩的故事，好听的笑话。你把它们分享给别人的时候，就能让人开朗一笑。

留心生活，养成收集有趣信息的好习惯，会让你在与人交流的时候有话可说。

2. 学会讲笑话

笑话，能够让人听了忘记烦恼。生活中，会讲笑话的人，常常会在不经意间得到更多人的关注。

要怎样才算会讲笑话呢？首先，你要明白不同的笑话会让不同的人笑出声来，因此你的笑话一定要根据你的对象来讲。

其次，讲笑话的时候你不能先笑。你要先将笑话讲完了，众人笑了后你再笑。不然，你自己先笑了，只会让人觉得莫名其妙。

最后，多向身边那些讲笑话的高手们学习，看看他们是怎么铺垫，怎么叙述的，吸收他们优秀的地方，化为己用。

3. 做一个有趣的人

幽默的人，思维常常与众不同，他们能从一件细小的事情里发现好玩的东西,要想成为一个幽默的人,首先就要成为一个有趣的人。

你可以多看看喜剧演员的演出，看看相声演员的表演，观察生活中那些搞笑的人的生活方式。

向他们学习，试着用他们的方式，与周围的人说话，时间久了你也会变得幽默风趣起来。

4. 学会自嘲

喜欢拿自己开玩笑的人，往往是懂得自嘲的高手。自嘲，是一种生活哲学,通过自我曝光缺点,调侃自己,从而让人开怀大笑。

不要觉得自嘲，会显得你很无聊。有时候，自嘲可以迅速拉近与他们的距离，比如你对他说：“不见我遗憾终身，见到我终身遗憾。”对方听后，只会觉得你这人很幽默。

有自信，懂得利用语句的对比、思维的反差，你便能很快掌握自嘲的要诀。

5. 培养灵敏的洞察力

洞察力强的人，能通过一个人的言行举止，知道他人内心的心理活动。在什么场合，说什么样的话才能显得更幽默，洞察力能够帮你很大的忙。

要想提高洞察力，你可以多看看心理学类的书籍，与各种各样性格的人打交道，从实际生活着手，养成一个爱思考并勤于思考的习惯。

懂得幽默表达的人，不管走到哪里，都能很快与身边的人保持和睦友好的关系。遇到矛盾时，他们也能运用幽默的方式，去调和矛盾，将人际关系经营得顺心如意。

如果你能在人际交往中，灵活运用幽默的艺术，使别人和自己都享受快乐，你想不交上朋友都难!

四、精准表达，让你更受他人喜欢

人际交往中，说话精准的人往往更能受到周围人的喜欢。我们知道，时间对我们每个人来说都很宝贵。

在与他人交流的时候，如果你能简明扼要地讲出自己的观点，让对方很快明白你在说什么，那你们的谈话会比想象中顺畅许多。

说话精简，意思又清楚，不用花更多时间去理解，对谁都有好处。

试想一下，你明明可以三言两语就把问题讲清楚，为什么非得长篇大论浪费大家的时间呢?

陈军说话逻辑混乱，给人特别不精准的印象。常常说了半天，也说不到重点，每个和他沟通过的人，都觉得是一件非常痛苦的事情。

有一次，陈军和朋友们计划去北京旅游。朋友们要订飞机票时，打电话给陈军，问他是否要去。

陈军一口气说了很多："我不知道，我应该是能去的。如果到时候公司放假的话，我肯定能去。但公司放不放假我不知道，一般来说没有特殊情况的话，是要放假的。如果公司不放假，我再试试看能不能请假……"

朋友被他绕晕了："你到底能不能去，什么时候给我肯定的答复？"陈军想了想，回答说："我明天问领导后，再回复你吧！"

像这样简单的问题，陈军都不能干脆地回答。任何话从他的口里说出来，都会变得云里雾里，被他越说越复杂。

即使被朋友们说了很多次，陈军还是没有改变表达不精准这个坏习惯。

说话表达清楚，别人听起来不累，你自己也省去了不必要的解释。著名主持人蔡康永在《奇葩说》节目里说过这样的话："你说什么样的话，你就是什么样的人。"

说话精准的人，条理非常明确，做事容易有计划，有较好的执行能力。

生活中，你如果精准表达，会让人第一时间对你产生好感。你表达得越清楚，越能让对方明白你在说什么，你们之间的交流才能达到更好的效果。

更重要的是，你和他人的谈话只是开始，如果你的话逻辑不清晰，没有开好头，那你和对方的其他合作，将会被你混乱的表达带来不好的影响。

你的工作、生活、学习都和你的表达是否精准，有着莫大的关系。

周末，周宇在校园散步。

正在他悠闲地往前走时，突然被一个男生撞了一下。那名男生转身就朝他大骂："你眼瞎了吗？走路不看着点！"

周宇听了他的话，觉得莫名其妙，自己被人撞了，却被对方反咬一口，世上怎么会有这样的人。

"你看什么看，你撞到我了就是你不对。"男生愤怒地说道。周宇这下生气了，他清了清嗓子，用几句话就让对方闭嘴了。

“首先，我没有走在大路中间，我走的是大路的右边，并没逆行；其次，是你自己走路太急，撞到了我，和我无关；最后，你撞人不对应该向我道歉，而不是反过来指责我，明白吗？”

男生听了他的话后，竟然愣在了原地，找不到话来回答。他被周宇清晰又简洁的回答震住了，忘了怎么组织语言。最后只好红着脸道完歉后，自讨没趣地离开了。

是否能用语言精准地表达，在我们的日常生活中越来越重要。

有些人，因为表达不清楚，明明是自己有道理，结果却因为说得凌乱，让人不知所云，反而吃了哑巴亏。

而那些表达精准的人，则是生活中的佼佼者。他们遇到事情时，能清楚完整地表达出内心真正想说的话，从而实现自己的交流目的。

他们在和别人对话时，不会胡乱地瞎说一堆话。相反，他们会迅速在脑海中组织好自己的语言，要达到什么样的目的，该用什么样的词语，先讲什么后讲什么。

根据现场的有关信息，轻松地将自己的意思用最简单的话表达出来。

要想做到这一点，并不困难，你只需掌握下面的知识点就好。

1. 不要说与中心思想无关的废话

很多人在说话的时候，总是会收不住跳动的思维，越说越多，结果说到最后自己也不知道在说些什么。

如果你自己都乱了，别人又怎么会理解你的说话内容呢？要想避免出现这样的情况，你就要告诫自己，说话时，不要说与中心思想无关的废话。

你想表达什么意思，尽量往这方面努力，用简洁的话表达清楚就好了。

2. 学会有节奏地说话

有节奏地说话，是指你说话时候，不是一股脑儿地说个没完，而是有起伏、有层次地说话。该停顿的地方，你停顿下来，该语速快的地方你加快语速。

比如，在你说到“首先、其次、那么”等词语时，你可以停下来，看看对方后继续说你的话。这样可以引起对方的注意，也可以加强你的表达效果。

有节奏地说话，能够让人感受到的你的情绪，从而感受到你句子里的其他信息，最终明白你的说话内容。

3. 根据说话对象来选择说话方式

与不同的人说话要采用不同的方法。比如，和有文化知识的人说话，你可以用书面语言进行交流，但如果是和文化知识不多的人说话，可以多讲些口头语言，这样能保证对方听得懂你在说什么。

无数的事实证明，根据说话对象的不同，灵活多变地进行调整，用他们最能接受的方式去与之沟通，你们的谈话才会顺利。

4. 简明扼要说清自己的观点

话不在多而在精。最简洁的话往往更能打动人心，能用一句话说清楚的，坚决不用三句甚至更多的话，绕来绕去地表达。

话说得再华丽，让人听了云里雾里，只会背离沟通的目的。你说话简洁，别人理解了，你们才能接着话题，聊更多有用的事情。

5. 说话时不要画蛇添足

你的一句话说完整了，就停下来及时和对方互动，看看对方是不是已经彻底理解。如果得知对方理解了，就接着讲下一个问题。

不要想着去卖弄自己的学识，故意画蛇添足，说一些没用的话。你表达的意思已经清楚了，你胡乱加话，会让人不知所措，不知道你说的话到底哪句更重要。

画蛇添足的话，是在浪费彼此的时间，是一个没必要的行为，你需要趁早改掉这个坏习惯。

说话精准的人，会让人觉得和他们沟通起来非常痛快。你如果想变成人际交往中的高手，可以在生活中加强自己的说话水平，当你说话精准后，你会发现朋友们会渐渐变得多起来。

五、让他人有话说才是最重要的

与人沟通，最重要的就是彼此有共同话题可以聊。

很多时候，遇到性格、脾气相投的人，我们会乐意与他们交流，恨不得把所有的话时都和他们说个遍。

但生活中，有这样一种人，他们与人说话时，不管与对方的关系怎样，是不是相识的朋友，只要心里高兴，他们就会无休止地说个没完。

即使对方表示出没耐心听了，希望他们能停止，可他们却像没听到一样，依旧说个没完。

周末，丁辉去朋友小鑫家拜访。在没有遇到朋友的爸爸以前，丁辉还觉得这次的拜访非常愉快。

但后来朋友的爸爸一出来聊天，画面顿时就让丁辉觉得不好了。小鑫的爸爸，50 多岁，是一个文学爱好者，尤其是喜欢写诗，写了上千首诗歌。

每次家里来客人，小鑫的爸爸都会拿出来炫耀一番。表面上，大家不说什么，但私底下，别人都说他的诗写得一般，甚至都不算诗歌。

他却不以为然，坚持认为自己的诗是很好的。今天，他又把诗拿了出来，请丁辉欣赏。

出于礼貌，丁辉夸奖了几句。没想到小鑫的爸爸高兴不已，以为找到了知音，便开始絮絮叨叨说个没完。

他对丁辉说："你看我这首诗的意境如何？是不是很有感觉？"丁辉正要开口回答，他又打断了丁辉的话，继续自言自语说着自己的想法。

整个聊天过程中，丁辉几乎没插上一句话。但小鑫的爸爸却感到很开心，这让丁辉觉得很苦闷。

最后，丁辉只好找个理由提前离开了。

与人沟通，彼此间的互动其实很重要。你说出你的观点，对方再讲出他的观点，你们就彼此的观点，有针对性地交流，这才叫沟通。

如果只是你一个人说个不停，不允许别人插话，那你们的谈话又有什么意思呢？只顾自己讲话高兴，当谈话的主角，不仅是情商低的表现，更是不懂得尊重对方，不会沟通的表现。

要知道，沟通中，让他人有话说才是最重要的。

张嫣有个坏毛病，只要她一开口，就没别人说话的份儿。她和男友小杨常常为了一点儿小事就发生争吵，这让身边的朋友们都为他们感到揪心。

情人节那天，张嫣没有收到男友的鲜花。她拨通男友的电话，对着他大吼："你知道我们女生都是希望男朋友在情人节这天送礼物的，你为什么不送我？"男友正要解释。

张嫣打断了他，"你是不是已经有别人了，你把花送给了她？有本事告诉我，她是谁？"

小杨赶紧解释："你先听我说完，我……"张嫣没有听他的解释，直接把男友拉入了黑名单。

张嫣和男友是异地恋，他们相隔很远。男友见微信、QQ都联系不上张嫣。情急之下，他只好打了张嫣闺密的电话，请她帮忙为自己解释。

其实小杨虽然没有送鲜花给张嫣，但他却在张嫣的微信里，发了两个“520”的红包。

张嫣只是忘了去查看而已。当闺密将小杨的话转告给张嫣后，张嫣也收到了红包，正在为该怎么和男友道歉而苦恼。

闺密知道后，告诉张嫣，以后还是要给别人说话的机会，免得给自己留下遗憾。

在与人交流时，你希望你说出的话，别人能够倾听。同样的，别人也希望他内心的话，你也能认真去听。

可如果你把别人说话的机会给抹杀了，那他又怎么才能把话给说出来呢?

生活中，许多误会，往往和沟通有关。如果在沟通中，你能够给对方一个说话的机会，误会也许就能化解。

1. 学会给对方开口的机会

与人交流的时候，大家彼此你一言我一语的互动会很重要，这样才能让交流的双方感到愉快。如果你只是一个人说个没完，对方听久了也会觉得无聊。

在你讲话的过程中，适当地停顿下来。问问对方有没有想说的，针对他的回答试着调整你的内容和节奏，争取让对方听了你的话后能做出发言。

只有学会给别人开口的机会，你才能更好地收集到相关的有用信息。

2. 不要说太专业性的话题

专业性的话题，通常只有与知晓这方面知识的领域内的人士交流，彼此才能迅速展开话题，进行讨论。

如果对于普通人你讲太专业性的话题，会让聊天陷入尴尬的氛围。对方不知如何接你的话，你自己也会越讲越没兴趣。

当你必须讲专业性的内容时，一定要用通俗易懂、简明扼要的方式向对方解释一遍就好。不可过多纠缠相关的原理等知识细节。

3. 寻找与对方的共鸣点

与人交流的时候，对方的参与度高，你们的谈话就会愉快。所以，在与对方交流的时候，你要迅速从对方的穿着、学历、工作经历等方面做切入口。

试着去思考，要和对方说哪些内容，才能让对方积极开口。当你发现对方很愿意说，甚至说个不停的话，说明你的话题选对了。

这时候，你就可以大胆地和对方交流了。因为有共鸣的话题，会让你们像找到知音般敞开心扉，拥有一场难忘的谈话。

4. 不要总是打断对方说话

当别人打算和你交流的时候，不管别人的观点是否正确，你一定要让他把话说完了再去回答，千万不要在他说话的过程中去打断他。

打断别人说话是一件很不礼貌的行为，也会影响他说话的兴趣。你打断的次数多了，对方也许会直接放弃说话，让你一个人说。

可想而知，这并不是你想要的结果。因此，你要养成不打断别人说话的好习惯。

5. 学会鼓励他人发言

在与他人交往的时候，你会遇到那些性格内向，在人群中不愿意发言的人。遇到这样的人，你不能放弃他们，觉得他们既然不说话，那就不说好了。

你可以主动调动他们说话的兴趣，比如，想办法鼓励他们发言，在他们发言的时候，多微笑、拍手，示意他们讲得很好。

通过与他们这样的互动，你会发现他们的大脑里其实藏有很多有趣的信息，只是你之前不知道而已。

人际交往中，懂得让别人有话说，会让你获得对方的尊重，你也能收获到更多的有用信息，甚至还能为自己交到更多的朋友。

六、与人交流前，你有必要说好开场白

生活中，有的人一开口就会让人喜欢，而有的人说了很久的话，却让人一点儿交流的欲望也没有，甚至还会引起别人的反感。

为什么出现这样截然不同的区别呢？

我们都知道，一场愉快的交流，需要双方共同来完成。开场白开得好，可以引起对方的沟通欲望。

如果你的开场白让人听了头晕眼花，你说得再天花乱坠，也只会吓坏对方，让他做出提前结束你俩谈话的举动。

沟通不是一个人的独角戏，一场完美的沟通和开场白有很大的关系。

孙豪通过医院面试，被医院成功录取为试用工，只要他通过为期三个月的试用期，就可以和医院签正式的合同。

今天，主任让他去给院长送一份资料。没想到孙豪却因为这件事，被医院提前解聘。

事情是这样的，孙豪拿着主任的资料，走到了院长的办公室。他见院长办公室的门没有关，院长正和人谈论重要的事情。

他直接走到院长面前，打断院长的谈话："王院长，你看看，这是给你的资料。"

院长抬起头茫然地看着他，不知道发生了什么事情。坐在院长旁边的人见谈话被打断，一脸尴尬，不知道说些什么。

场面一时陷入了沉默，最后还是主任走进来打破了这个尴尬的局面。主任解释说："王院长好，还没来得及向你汇报，这是我们办公室刚应聘来上班的新同事！"

院长点了点头，孙豪和主任走出了办公室。没过多久，孙豪便接到通知，说孙豪不适合他们医院的工作，明天开始他就不用来医院上班了。

开场白，原本是指在演出或其他开场时引入本体的道白，比喻文章、介绍或讲话等开始的部分。

简单地说，开场白就是一开场所说的话。

俗话说，好的开始是成功的一半。在与人谈话时，好的开场白能够吸引人的注意力，让谈话双方很快进入谈话的氛围。

孙豪如果懂得在谈话前先说好开场白，先介绍自己，不那么唐突地和院长交流。那他可能不会引起院长的反感，也不会失去自己的工作。

古丽在一家公司上了三年的班。在公司，她主要负责办公室内的工作。领导觉得古丽应该学习一下会议主持方面的工作，于是把近期公司要开展的一场会议，交由古丽来主持。领导和同事们都对她充满了信心，说她口才很好，一定能将会议主持成功。

会议当天，来了许多其他公司的人。古丽一上台，照着 PPT 就开始讲了起来。她虽然说得生动有趣，可台下的人却不停地在摇头。

有人说："台上这人是谁啊？我们今天这个会议是讲些什么？怎么越听越听模糊！"甚至有人直接从座位上站起来摔门而去。

会议结束后，领导问古丽："你知道今天为什么会议不成功吗？"古丽把头深深地低了下去，没有回答。

领导叹了口气，告诉她：“那是因为你没有做好开场白，你连你是谁，今天要讲些什么内容，都没有和台下的人沟通，直接就开始讲主要内容了。”

古丽好奇地问道：“还要讲开场白？”领导于是耐心地给她讲起了开场白的重要性。

古丽听完后，才彻底明白会议主持失败的原因。

要想引起别人的注意，想让你们之间的谈话能够迅速进入主题，你就必须要运用好开场白这一技巧。

其实，不管是熟悉的人，还是初次见面的人，我们与他们谈话时，都不能忽略了开场白的重要性。

工作的中会议，更是离不开开场白。开场白，能够让人知道，为什么要开会，开会要达到什么目的，要说些什么内容。

人际交往中，要想学会使用开场白，我们需要掌握下面的知识。

1. 做好自我介绍

自我介绍，可以让人在短时间内迅速地了解你。这在公司的招聘面试，以及初次的朋友见面中会起到很大的作用。

不要觉得自我介绍可有可无，只是随意介绍一通。自我介绍说得好，能引起别人对你产生说话的兴趣。

在介绍的时候，你必须要引起重视。你可以有特点地介绍你的名字，你的爱好，你的特长等，如果你能让别人对你产生浓厚的兴趣，那你的介绍就算成功了。

2. 根据现场环境来展开

结合你们当时所处的环境来做好开场白，会是一个不错的选择。像电视里受邀做演讲的嘉宾，会根据现场观众的情况来做开场白。

这样的开场白就地取材，能迅速拉近你和别人的距离。在生活中，做一个留心观察生活细节的人，你会发现可以拿来做开场白的现场素材会有很多。

3. 围绕说话目的来展开

围绕说话目的的开场白能迅速进入主题，让人跟着主讲人的速度而进入氛围。这在工作开会中常常会用到。

当然，在人际交往中你也可以加以运用，比如，为了直奔主题，你可以和对方就你们的说话目的来说一段开场白。

目的是什么，就紧紧围绕它来展开。这样的话，单刀直入，更容易节约彼此的时间，达到高效沟通的效果。

4. 做简短清晰的开场白

开场白，是为了暖场而说在前面的话。它并不需要你长篇大论，文采出众。只要你简短清晰地表达就好。

言多必失，话讲多了会让人看出毛病。在开场白这样重要的时刻，你的话更不能露出毛病，让人误会。

有时候，话说得太多，也会让人兴致缺缺，所以，你只需用最简短清晰的话来表达就好。

5. 做风趣幽默的开场白

风趣幽默地说话，往往能瞬间走进听众的心里。开场白的话，你完全可以用风趣幽默的话来表达出来。只要你的开场白做得好，你们的谈话只会越聊越开心。

不过在表达的时候，要注意风趣幽默只是形式而已，更重要的是将你的核心思想贯穿其中，让人听了能够明白过来。

不能为了哄听众高兴，只说一些令人捧腹大笑的话，这样只会背离你开场白的初衷。

加强你开场白的表达，也就是加强你人际关系水平的开始。

七、爱挑刺的人，去哪里都不会受欢迎

生活中有这样的人，他们和人在一起的时候，总喜欢抱着挑剔的眼光来指责别人，说他们这里不好，那里不好。

他们很擅长泼冷水，给别人造成尴尬。让人觉得和他们无法正常相处下去。

没有人愿意被他人无端指责和挑刺，爱挑刺的人如果不改掉这个坏习惯，将很难与他人建立良好的人际关系。

陈彬在单位是个不招人喜欢的人，他本来工作能力很强，但他毒舌、爱挑刺的这个毛病，让同事们见了他都感到害怕。

因此，他上班六年多了，却没有一个知心的朋友。除了正常的工作交流外，大家都不愿意找他聊天。

有一次，同事小玉穿了件新衣服上班，其他人见了都夸小玉眼光好，新衣服穿起来很有气质。

没想到陈彬走过去，一句话就将欢快的气氛给破坏了。他说："难道你们眼睛都瞎了吗？小玉本来就长得像个歪瓜裂枣，这衣服让她显得更是丑得不能见人了，你们怎么乱说话呢？"

小玉听了他的话，表情一下子就变了，她朝陈彬大吼："你不会说话就不要乱说，不说话没人把你当哑巴！"

同事们眼看场面有些尴尬，只好过来调解，劝他们不要吵架，免得伤了和气。陈彬还站在原地，不明白自己错在了哪里。

心理学家们经过研究发现，喜欢挑刺的人属于完美主义人格，他们凡事追求尽善尽美，除了给自己定下高标准外，还会拿自己的标准去严格要求别人。

当别人不符合他们的标准时，他们便会用挑刺的方式去攻击别人，以此来维持自己的内心的平衡。

人际交往中，挑刺这种行为会引起巨大的破坏作用，比如，会伤害到对方的心，影响到对方的情绪，很多时候，甚至会给当事人带来不必要的纷争。

孙琪是一个很爱挑刺的人，任何事在她看来，都存在着不足。你很难从她口中听到赞美的话。

有一次，领导安排刘慧和孙琪共同负责写公司的调研报告。孙琪一直推说自己有事要处理，所以稿子是由刘慧独立完成的。

交稿那天，孙琪因为稿子的问题和刘慧吵了起来。

孙琪说:“调研报告存在许多问题，题目没有新意，内容不够简练，还有结尾部分也没有写好。”

领导听了她的意见后，问她：“那如果交给你一个人来写的话，你能写好吗？”孙琪点了点头。

领导于是把稿子交给她，请她来写。可等她写的稿子交到领导手里后，却被领导直接拒绝。

孙琪站在原地，一头雾水，不明白发生了什么事情。

领导把她的稿子和刘慧的稿子发给同事们评价，同事们一致认为刘慧的稿子要出色很多。

领导这才对她说：“你总是去挑别人的错，说别人写得不好，可你自己呢？你对自己真的了解吗？记住，以后踏实工作，不要再去挑刺了。”

孙琪本来还想为自己辩解，可事实摆在眼前，看到同事们对她投来的异样的眼神，她最后沉默地低下了头。

爱挑刺的人，往往有三个方面的原因：嫉妒心理，追求完美的心理，自卑心理。他们不能正确地处理自己和外在的平衡关系。

容易被外界影响，他们觉得只有用挑刺的方式才能维持自己的个性，让别人信服。可事实却与他们想象的不一样。

因为他们喜欢吹毛求疵，过度要求别人，总是爱挑刺，得罪别人了还不自知，让自己陷入了糟糕的人际关系状态。

要想拥有良好的人际关系，你必须要从现在起改掉爱挑刺的这个坏习惯。

1. 保持一颗平衡的心态

不管你遇到了什么人，他做了什么事情让你很生气，你都应该保持一颗平衡的心态。得饶人处且饶人，你可以在内心告诉自己：生气是拿别人的错误来惩罚自己。

当你拥有平衡的心态后，你会发现很多事情并没有你想象中那么严重。你带着友好的心态，与对方好好沟通，再麻烦的事情也能得到妥善的处理。

2. 不要拿自己的标准要求别人

喜欢挑刺的人，通常是追求完美主义的人。他们对自己要求严格的同时，也会拿这个严格的标准去要求别人。

他们会在内心里说：“既然我都能做到，那么你也应该能做到！”

然而，每个人的生活方式、性格、习惯等大不同，有自己的生活标准并不奇怪。你没有必要拿自己的标准去严格要求别人。

做好你自己该做的事情，不去多管闲事，是一个人最起码的基本修养。

3. 说话只需就事论事

现实生活中，有些人常常为了一件小事，对他人展开人身攻击，说一些过分的话。殊不知，嘴上不饶人的人，往往也会被他人讨厌。

有什么问题，你就事论事，三言两语简单说清楚就好了。

如果你非得挖苦打击别人，只会将一个简单的事情闹得更加复杂，到最后变成大家都不愿意看到的结果，对你来说也是一件得不偿失的事情。

4. 不要当口头上的巨人

爱挑刺的人，说起话来总是一大堆道理，好像天底下就没有他们不知道的事情。可真正问他们某方面具体的事情，他们却又目瞪口呆，答不出个所以然。

喜欢说话是一件好事情，但话要说到关键处，才能引起别人的注意。如果总是你夸夸其谈，喜欢凡事都说上几句，却又让人听了毫无意义，只会让人觉得你是在吹牛显摆，不会对你的话产生任何兴趣。

5. 不要对他人品头论足

每个人都有他独特的喜好，你不能看到一个人，就上去对他的穿着、谈吐等点评一番。别人的事情，他自己心里有数。

对方又没有请你发言，你就没有资格去乱说一通。你有你的自由，他也有他的自由，大家彼此尊重就好。

你没必要去告诉他，这里不好那里不好。他好不好，不是你说了算，不需要你来瞎操心。

挑刺的人，走到哪里都控制不了自己，总是凭着自己的性子，对他人乱说一通。结果与他们相处的人，都受不了他们的坏毛病而渐渐选择与他们远离。

人际交往中，做一个不挑刺的人，才有可能成为好人缘的人。

第 七 章

良好的人际关系，助你成就一番事业

一、没有人能离得开人际交往

这是一个现实的社会，只要在社会中生存，我们就面临着如何与他人交往，如何与他人沟通的问题。

不管你是什么身份，从事什么职业，拥有正常的人际交往能力对你来说必不可少。

也许你会说，你可以用微信、QQ这样的通讯软件来与人交流。但软件只是一个辅助交流的平台。很多时候，我们必须要参加真实的人际交往活动，与人面对面接触，口头上详细交流，才能将事情说清楚。

王青今天被领导批评了。公司最近要组织员工去省外的公司交流学习，与对方的联络工作需要王青负责。

王青整理好参加学习的人员名单，出发的时间等详细信息，将这些信息以方案的形式发到了对方的邮箱。

等他们一行人到了目的地后，才发现对方并没有安排人员来接待。王青打领导电话后才知道，原来他的方案发给对方联络人后，对方没有及时收看，因此不知道他们已经到了。

领导问王青："你发了方案给对方后，为什么没有及时和对方进一步核实清楚？问问对方有没有收到？"

王青一脸茫然："我发了他邮箱，他肯定会收到的呀！""但你怎么能保证他一定会去看邮箱呢？"

王青这才意识到自己的沟通存在问题，他只是在邮箱里发给对方，可对方有没有收到，他却并不知晓。

如果他当时发完邮箱后，能及时打电话和对方确认，让对方第一时间知晓他们的出行情况，那他也不会遇到后面的尴尬情况。

无论你是学生、员工，还是领导，你都需要和他人进行人际交往。美国心理学家梅奥经过大量心理学研究得出结论，他认为良好的人际交往对于调动人们的劳动积极性具有决定性的作用。

生活中，沟通在人际交往中起着无比重要的作用；沟通不及时，消息很可能会发生滞后的情况，给交流双方带来麻烦，也给建立良好的人际关系带来麻烦。

与他人沟通，我们不能想当然，觉得用社交软件简单沟通就足够了。不，这还不够！你要明白：很多时候，你想象的很有可能和事实的发展并不相符合。

为了保证万无一失，你一定要和对方详细沟通，核实清楚，确保对方提供的消息和你掌握的是同步的。千万不要以为给对方发了邮箱，发了微信，对方就已经收到了你的信息。

必须要得到对方本人的确认，才能说你和他进行了沟通，达成了一致的意见。

方婷在一家学校当老师，她这个人有个奇怪的特点，不喜欢使用手机，喜欢活在自己的世界里，与外界保持隔绝的状态。

她独来独往惯了，同事们有事也很难联系上她。领导找她谈了几次话，说手机是我们与他人交往的通信工具，一定要随时开机，保持正常使用，否则将无法与他人正常联系。

可她却没有将领导的话听进去。

有一次，学校因为有事临时放假一天。方婷一个人早早地到了学校，等了很久也不见同事们的身影。

教室里更是一个人也没有，方婷想了很久也没明白发生了什么事情。她打电话给年级主任后，才知道学校放假的消息。

经过这件事后，她才知道待在自己的世界，不与人交往是错的。作为现代人，要使用手机，保持与周围的人交往，这样消息才会灵通的重要性。

随着科技的迅速发展，我们的生活中出现了许多新的电子产品，比如手机。可以说当今社会，手机几乎是人手一部。

手机可以帮助我们与他人及时联系，为我们与他人的交往带来了便利。

当你需要发文件给同事时，可以用手机上的 QQ；当你想要找朋友聊天时，可以用微信等软件轻易就能实现。

但你也要知道，手机只是辅助我们沟通，并不能完全取代沟通。

世界是联系的，没有人会是一座孤岛。人际交往，伴随着我们每一个人。你明白这一点，才能经营好的你人际关系，让你的生活变得更加顺畅自如。

1. 不要过于依赖手机通信软件

手机上的通信软件，虽然能给我们带来便利，但有些重要的沟通，必须要和对方面对面沟通交流，才能将事情说清楚。不要过于依赖通信软件来沟通。沟通讲究的是效果，为了获得满意的沟通，我们要合理使用手机软件，必要时，还需要与人面对面地沟通。

2. 人际交往是加深彼此感情的纽带

这是一个现实的社会，人与人之间的交往能加深彼此的感情，是集体成长和社会发展的纽带。良好的人际关系，能使人保持乐观开朗的心态，积极面对当下的生活。

比如，当你感到烦恼时，与朋友敞开心扉地聊天，你会重获好的心情。心理学家经过研究证明，友好、和谐、协调的人际关系有助于保持良好的情绪。

3. 人际交往是获取信息的重要途径

科技发展日新月异，是否能掌握信息对我们每个人来说都有着重要的作用。一个人如果只活在自己的世界，不与周围人的交往，那他很难掌握信息。

通过与他人交往，我们可以从他人的口中知道我们想要的信息，从而丰富自己的经验与认知。更能够开阔视野，活跃自己的思维。

4. 人际交往是完善自我的重要方法

孔子曾说过："独学而无友，则孤陋而寡闻。"积极与他人交往，能够让我们知道自己身上不足的地方。通过向他人学习，从而完善自己，变成一个优秀的人。

我们每个人都活在人际关系网中，并且我们每个人的成长和发展都依存于人际交往。培养良好的人际关系，不仅是提升自我能力的需要，更适应社会的需要，我们应该引起重视。

二、能否成功和你认识谁有很大关系

在这短暂的一生中，我们每个人都想成为成功人士，不虚度此生。

关于成功，生活中普遍流传着这样的说法：一个人能否成功，不在于你知道什么，而是在于你认识谁。这句话告诉了我们人脉的重要性。

的确，现实社会，人脉是我们手里的重要资源。它如同金钱一般，需要我们管理和利用。如果你的人脉资源利用得好，你很有可能会比别人率先获得成功。

安澜在一家服装店当销售员，刚开始她的业绩并不怎么出色。但自从她认识了赵姐后，她的业绩就开始好了起来。

有一天，赵姐来店里买衣服。安澜耐心地给她推荐了好几款衣服，虽然最后赵姐并没有选中，但安澜一点儿也没有生气，一直在给她详细介绍各款衣服的特点。离开的时候，赵姐加了她的微信。

没想到第二次见面的时候，赵姐带着她的几个闺密来到店里，买了许多件衣服。

赵姐是一家公司的经理，她说她被安澜的服务态度所打动，所以把身边的人都介绍了过来。

在赵姐和朋友的介绍下，越来越多的人专程到店里来找安澜买衣服。很快，安澜的业绩有了很大的提升，甚至连续几个月都是店里的销售冠军。

领导见安澜的销售水平突出，将她提升为店长助理。但安澜知道，能取得这样的成绩，和赵姐及她的朋友的帮助有很大的关系。

有什么样的人脉，很多时候，能决定你走多远，除了你本人的自身努力外，还和你认识谁有一定的关系。

人际交往中，如果你认识的人中，有一个能够帮助到你，那么你的生活很可能就会发生不一样的改变。

所以，社交场合中，总会有许多人热衷于递上自己的名片，希望能通过这样的方法认识到更多的人。

陈莎和朋友合伙，在市中心开了一家辅导培训班。培训班刚开业的前三个月里，培训班的学生不多，收益不好。

为了让培训班早日步入正轨，陈莎和朋友们制订了新的招生计划。

她们将计划制作成了宣传单，拿着宣传单跑到大街上去宣传。途中，陈莎遇到了王阿姨。刚好王阿姨的孩子今年上初二，英语成绩不好，正打算要报辅导班。

陈莎于是结合英语辅导的重点难点，以及她培训班的特点给王阿姨做了详细的介绍。

听完她的介绍后，王阿姨当即决定给孩子报了名。第二天，王阿姨还把自己的朋友也一起带了过来。

王阿姨说，她相信陈莎，所以相信她的培训班的质量。以后如果有朋友的孩子需要报培训班，她还会介绍过来。

不仅如此，王阿姨还主动将陈莎的培训课拍照发到朋友圈，进行了一番宣传。在她的帮助下，渐渐有了更多的家长来给孩子报名。

陈莎没有想到，王阿姨给自己带了这么多的好运，她由衷地对王阿姨表示了深深的谢意。

卡耐基在研究成功学时，总结得出这样的结论：一个人的成功，有 85% 取决于人脉建构与经营。

人们常说，一个人要想成就一番事业，必须要天时、地利、人和三者相结合，这其中人和的部分占了绝大部分的作用。

所谓事在人为，你不能忽略了人的作用。人们形象地将人脉称为是关系、路子、交情、人缘。由此可见，人脉对我们的作用有多大。

在平时的生活中，你应该有经营好人际关系的意识，让你的人脉在关键时候，能够帮你一把，助你实现梦想。

1. 不要看不起那些不如你的人

与人交往，不能抱有功利心态。不要觉得一个人对你有用，你便去和他接触，对那些不如你的人，选择直接忽略。

生活中，有很多不显山露水的人，他们虽然平时看起来很平庸，但其实他们是深藏不露的高手。

如果你能和他们成为好朋友，关键时候他们很可能帮上你的大忙。因此，要想拥有好的人脉关系，你一定要一视同仁，对不如你的人也要积极交往。

2. 养成热心助人的好习惯

每个人都想遇到雪中送炭的人，可天底下没有免费的午餐。

要想别人能帮助你，在平时与人相处过程中，你就要养成热心帮助别人的好习惯。当你需要帮助的时候，别人也才肯伸出援手。

世界上没有无缘无故的爱，愿意帮助你的人，都是在和你相处的过程中，被你的人品和魅力所打动。如果你人品好，你还怕遇不到雪中送炭的人吗?

3. 敞开心扉与他人交往

在与人相处过程中，不要藏着掖着，让人感受不到你的真诚。真正的交往高手，能够在短时间内与他人迅速打成一片，是因为他们真诚友好，愿意敞开心扉与他人交流。

你只有真实地说出自己的想法，别人才能够了解你，愿意与你进一步地深切交流。如果你要想认识更多的人，你就要敢于面对自己，在他人面前能敞开心扉，大方得体地诉说自己的观点和想法，为自己能认识更多的人打下基础。

4. 人脉需要平时用心经营

不要总想着遇到困难了，才主动找别人帮助。你从来没有付出过，别人凭什么花时间、花精力来帮助你呢?

很多时候，我们会幻想着能遇到贵人。但贵人难求，不过也不代表你生命中没有贵人。只要你抱着感恩的心，友好地与身边的人交往。你会发现，其实他们也是你的贵人，能够在关键的时刻助你一臂之力，帮助你成功。

虽然说你的成功和认识谁有很大关系，但打铁还需自身硬，你不能停止自我奋斗。你必须在提高自己的实际能力，在机遇成熟的时候，你才能展翅腾飞，获得最后的成功。

三、有人指点，你就可以少走弯路

在《红楼梦》里有这样一句话，“好风凭借力，送我上青云。”这句话的意思是：借助其他方面的力量，我们就能达到自己的目标。

你可能会说，想要实现目标，应该靠自己，自己努力了，梦想才可能照进现实。话是没有错，但你可别忘了，在你追求成功的路上，如果你能有幸遇到贵人指点，你的成功将会比想象中来得更容易些。

王青刚到一家辅导班上课的时候，他的教案总是备不好，上课的时候学生们听得昏昏欲睡，没有多少学生愿意听他讲课。

领导找他谈话，如果一周内他的课还是没有人愿意听，那就他就自动走人。

要怎样才能将自己的教案备好，做一名优秀的老师呢？王青被这个问题给难住了。

后来，王青无意间将自己的烦恼讲给网友听，他的烦恼很快得到了解决。原来，那名网友是一名中学老师，课堂经验丰富。

他告诉王青，教案一定要根据学生的特点来设计，在课堂上不能简单地讲知识点，要灵活多变，巧妙地设计课上的活动，改变自己的教学风格，这样才能成为一名受学生喜欢的老师。

王青按网友的建议，修改了自己的教案和上课方式，果然学生们都表示他的课变得比之前精彩了许多，开始愿意听他讲课了。

王青没想到，网友的建议竟然一下子解决了困扰自己多日的难题。

生活中，当你在为自己的难题苦恼时，你可以试着向身边的人寻求帮助，争取获得他们的指点。即使他们不能帮助你解决难题，但集思广益，总比你一个人冥思苦想要好很多。

你可能会说，别人都不了解你，可能会给你倒帮忙。但你想过没有，你都没有让对方开口，怎么就知道他的观点一定不对呢？

话别人只能说，但听不听得进去，还得由你本人来决定。当你带着友好，请教的心态去与人交流，对方自然会乐意帮助你。

别人的指点，对你来说，是宝贵的经验。你可以从中汲取对你有用的信息，加以利用，从而为自己解决难题，提供思路。

陈瑜从小就喜欢写作，她做梦都想出版一本属于自己的书。可这么多年来，她都只是在QQ空间写文章，没有想着去发表或者听听专业编辑的意见。

她一直觉得梦想是自己一个人的事情，自己为它默默努力就好了。

后来，陆续有朋友建议她去加入一些网上QQ文学群，和群里的人一起交流写作，不要一个人闷着头瞎写。

她仔细思考后，听了朋友们的建议，加了几个QQ群，将自己写的几篇文章发到了群里。很快，有人读了她的文章后联系上了她。对她说了写出版文的注意事项后，邀请她参加一个出版公司写合集的机会。她爽快地答应了，她的文笔在合集中得到了很好的锻炼，她对文字的驾驭能力也提升了不少。

由于她文笔优秀，一年后，她被一家出版公司签约。成功出版了一本属于自己的书，圆了她的出书梦。她不由得感叹：有人指点真的很重要，可以少走弯路，帮助自己更好地成长。

她知道，如果不是朋友的建议和QQ群里的贵人指点，她的出书梦将不会来得这么顺利。

梦想不会轻易照进现实，即使你满腹才华，你也得遇到欣赏你的人，你的才华才会有发挥的地方。

在没有实现梦想之前，不要感叹你怀才不遇，你只是没有遇到贵人指点，给你明确而有针对性的建议而已。

你需要做的是，更加勤奋耕耘，等待有缘人的指点，助你早日实现梦想。当然，在他人指点之前，你还要做好很多准备功课。

1. 不要太自负，觉得自己了不起

大千世界，天外有天，人外有人。不要觉得自己知识渊博，或者收入、地位比别人高，就骄傲自满，瞧不起别人。

有时候，一个清洁工知道的也会比你多。我们不能以外貌、身份、工作等外在因素去与人交往。放下这些观念，坦诚与他人交流，你会收获许多意外惊喜。

2. 不要在他人面前卖弄自己的学识

要想获得别人的指点，一定要养成谦虚好学的好习惯。在与人交流的时候，不要故意卖弄自己的学识。

也许在某方面，你确实比别人懂得的多，但这不意味着你可以以此来卖弄显摆，这只会让人觉得你浅薄无知。

真正有文化、有见识的人，永远觉得自己知道的还很少，需要提高。也正是因为他们抱着这样谦虚的习惯，才更容易获得别人的耐心指点。

3. 虚心接受他人的意见

当你有幸遇到别人对你提出了意见，不管他们的意见是好还是坏，首先你都要心怀感激，他们是站在他们的角度，对你提出的看法。也许他们的观点不正确，但却能让你从侧面了解自己。知道自己身上存在的不足，抓住这些不足，努力完善，你才能成为更好的自己。

即使他们的观点让你无法接受，你也可以保留自己的意见，不去过多指责和做无谓的辩解，做好自己，才是对他们最好的回答。

4. 认真思考别人对自己的指点

别人的指点，也许有考虑不全面的地方，但也许有能帮到你的地方。正确处理别人的指点，将会对你产生重要的作用。

你可以先将别人的话记在脑海里，有空的时候多思考，想想应该吸收哪些话，拒绝哪些话，如何让它们更好地指导和帮助自己的生活。

很多时候，当你的思维陷入死角，不知道该如何寻找突破口的时候，正是因为他们的指点让你豁然开朗，找到新的方向。

不管做什么，一个人难免会遇到困惑的时候，他人的指点就显得尤为重要。

在平时的生活中，我们要明白一个人的力量是有限的。关键时候，我们还得学会从自己的世界走出来，向身边的人学习，聆听他们的观点。

四、一味套近乎，只会让人想要远离你

怎样才能和别人建立好良好的人际关系？

有人会说，只要和他们套近乎就好。套近乎，是指和不熟识的人拉拢靠近，表示亲近。

经研究表明，喜欢套近乎的人，常常会想方设法和别人拉上关系。举例来说，他们会通过说自己和他们是老乡、有着相同的爱好等等话题取得别人的信任。

殊不知，对方表面看似接纳了他们，但内心却没有。套近乎并没有我们想象中那么管用，有许多人只是碍于情面，不好当面拒绝，只是逢场作戏而已。

刘鑫去参加朋友的生日聚会，在聚会上他觉得有个人看起来很不错，很想和他成为朋友。

没有多想，他走过去和对方打招呼："你好，你今天的衣服穿得真好看！"对方礼貌地回答："谢谢。"

见他没有拒绝自己，刘鑫便继续和对方攀谈起来。一阵聊天后，刘鑫得知对方是学心理学的，他感到很高兴，说自己的姐姐也是学心理学的。

接着，他就心理学方面的知识和对方侃侃而谈。对方一直没有说话，只是礼貌地听着。

后来，得知对方目前在某公司上班后，他开始就某公司的话题展开了交流。只要对方说什么，他就去找话题迎合。

离开的时候，他和对方互换了名片。过了一周，他有事打电话给对方，希望能够得到对方的帮助。

没想到对方听了他的自我介绍后，回答说："你好，不好意思，你打错电话了，再见！"之后便迅速挂了电话。

刘鑫被这结果吓到了，好久也没反应过来是怎么回事。明明之前见面聊天还很愉快，怎么突然就变成了陌生人呢？

社交场合，大家萍水相逢，彼此谁也不认识谁，不是你一时的巴结、迎合，与对方一阵聊天，就能轻易地获得对方的认可。

你的套近乎，往往会让人第一时间对你产生防备心理。彼此不相识，出于礼貌，他会尊重你，认真听你讲完，但内心并不真的一定把你放在心上。

所以，你千万不要以为逢人就套近乎，这样你就可以和他打成一片，不，这只会影响你在他们心目中的良好形象。

要想与他人成为好朋友，你应该先与他人真诚交往，在时间的见证下，拉近你们之间的友谊。

安敏是一家保险公司的业务员，她和朋友应邀参加一场活动。

在活动现场，经朋友介绍认识了做服装生意的朱姐。她觉得朱姐事业有成，如果能把她发展成自己的客户，那自己将能获得一笔丰厚的收益。

安敏这么一想，主意就有了。她开始对朱姐各种夸奖起来，说她看起来气质优雅，聪明过人，一看就是个女强人。

朱姐微笑地看着她，说："你过奖了，谢谢！"安敏追问道："不知道你对保险知识了解多少，还是让我来给你普及一下。关于保险……"

"不好意思，现在有点儿忙，回头再麻烦你介绍，好吗？"朱姐打断了她。安敏尴尬地笑了笑，说没有关系。接着，她主动要到了朱姐的电话号码。

之后朱姐去哪里，安敏都紧紧地跟着，还不时地给她端茶送水。回家后，她打电话给朱姐，想给她讲解保险方面的知识。

没想到，电话打过去竟然是空号。这时，朋友打电话过来，说请她不要再打电话给朱姐了，朱姐已经把她拉黑了。

安敏思考了半天，才明白自己做错了。她不应该套近乎，让朱姐觉得她是在巴结、讨好她。

通常来说，套近乎，往往是为了某方面的目的，主动与对方亲近。

不用说也知道，这很容易暴露出你过于功利的目的，让人觉察到你不是真诚地想和对方交往，你只是想从对方身上获取某方面的好处而已。

试想一下，你和别人才刚见面，你就各种讨好，想方设法与对方攀上关系。对方表面上不说你，可内心早已把你当成是一个急功近利，思想不单纯的人了。

人际关系错综复杂，要想经营好你的人际关系，还是要放弃你套近乎的想法，真诚与对方交往。你和他人的关系，才可能经得起考验。

1. 不要故意吹牛，与人硬攀关系

人际交往中，常有这样的人，为了与他人攀上关系，表示亲近和有缘。有的人会故意吹牛，说自己与他人有着怎样的渊源。

他们以为自己神不知鬼不觉地瞎吹牛，会让对方对自己产生好感。可实际情况是怎样的，你心知肚明，即使对方当面不拆穿你，可时间久了，你说的真假与否，对方自然会知道。到时候，你在对方心中的形象只会一落千丈。

2. 多一点真诚，少一点套路

为了认识别人，实现自己的目的，有些人将套路这一词奉为行为准则，认为套路得人心，不管面对什么人，他们便以套路的方式去拉拢对方，企图能获得对方的好感。

所谓套路，是指精心策划应对某种情况的方式方法。虽然你很有可能用套路获得了对方的好感，但如果对方事后知道你是有意设计，让对方落入你的陷阱，他只会觉得你这人太可怕，瞬间与你断绝来往。

3. 套近乎会让人觉得你很轻浮

爱套近乎的人，常常故意迎合别人。在与人相处的过程中，他们千方百计揣摩别人的心思，以夸张、令人厌烦的方式去说好听话，讨好别人。

他们说话不自然，眼神总是来回跳动，加上他们又带有自己的小心思，让人一看便知他们不怀好意，因此他们很难获得别人的好评。

4. 用自己的人品与他人交往

我们都听过这样一句话：始于颜值，陷于才华，忠于人品。在人际交往中，这句话同样适用。

能够打动一个人的，最重要的还是他是否有良好的人品。如果你的人品足够优秀，那就努力去展现，自然会有人愿意与你交往。

不要想着走捷径，用套近乎的方式与人相处，这只会让你得不偿失。

每个人的眼睛都是雪亮的，谁对自己是什么心意，心里都很清楚。要想获得别人的喜欢，我们一定要趁早和套近乎说再见，不要因为它，而让身边的朋友都远离自己，没有好的人际关系。

五、不懂得交往的人，终究会孤立无援

生活中，一个人是否有好的人缘，会对他的生活产生重大影响。

有的人无论遇到什么问题，都会有人站出来提供帮助，使他们度过难关。而有的人，因为不能处理好人际关系，结果在他需要人帮助的时候，没有一个人愿意为他挺身而出。

会交往的人和不会交往的人，生活质量会有明显的不同。如果你不懂得与人交往，你只会让自己的生活陷入尴尬的处境，你无法体会到有人关心，有人问候的感受。即使出了事情，需要有人帮助的时候，也没有人愿意帮你。

席睿最近心情很郁闷，他生病住院了，除了亲人来看他外，没有一个朋友来看他。

家人都说，那是因为席睿在生活中性格太偏执，不会与他人友好相处的结果。

有一次，席睿邀请同学到家里来做客。同学在用他的电脑查资料，席睿突然走过去对同学大吼："你别玩了，我自己要用。"

同学回答说："好，我把这个视频看完就给你。"

席睿不知道怎么就发火了，他愤怒地说道："这是我家，你是客人，你应该听主人的话，叫你别玩了你就别玩了，怎么那多么废话。"

同学感到莫名其妙，自己只是玩了一下电脑，就被这么怒吼。

他想了想，推说自己家里有事便告辞了。

席睿的爸妈正在厨房忙着做菜，知道同学离开的原委后，对席睿的表现很生气。

私底下给他做思想工作，说对待同学要真诚礼貌，不能乱发脾气。没想到席睿回答说："我是我，为什么要将就别人，那样难道不累吗？"

现在住进医院了，看到冷清的病房，席睿陷入了沉思，他终于明白自己不懂得如何与人交往的事实。

我们每个人不是活在真空下，是活在现实生活中。要想好好地活着，就离不开与他人的正常交往。

美国心理学家库利和米得在符号相互作用理论中提出过这样的观点，他们认为一个人从出生到长大成人，通过与他人的相互交往，由语言、姿态等抽象符号沟通后，能意识到自己的外观以及别人对自己的评价。

一个人只有懂得与人交往，才能得到他人的反馈，从而不断调整自己，塑造好自己。

同时，你只有与他人保持愉快友好的关系，别人才会以同样的方式来对你。如果你在生活中，我行我素，不懂得尊重人，你和每个人的关系都很糟糕，那你的心情又怎么会愉快呢？为了能拥有好的心情，你要改变自己，学会与他人友好交往。

韩真说曾经的他，朋友很少，他觉得与人交往太浪费时间，很多时候他更愿意活在自己的世界里，读书写字。

有一次，他在宿舍突然发高烧，全身发烫。室友们见他表情很痛苦，猜想他可能是身体不舒服了。二话不说，背着他就往学校最近的医院跑。经过医生的及时治疗，韩真的身体渐渐恢复了过来。

医生说，幸亏室友们将他及时带到了医院，如果再晚来一点儿，耽误了治疗，他将会有生命的危险。

经过这件事后，韩真对室友们的态度发生了变化，他开始敞开心扉和室友们交流起来。

随着交流的加深，他渐渐发现原来室友们比他想象中要好很多。他们温暖有爱，幽默风趣，跟他们相处下来能学到许多书本上学不到的知识。

和室友们成为好朋友后，韩真又和班上的其他同学积极交往，最后和他们都成为好朋友。

韩真发现自己的朋友多了后，生活好像变了色彩。有同学关心和问候的日子，让他觉得生活充满了美好。

有好几次遇到困难的时候，也是同学们热心帮助，才让他度过了难关。这让韩真更加觉得，有良好的人际关系对自己来说有多么重要。

一个人的力量是有限的，集体的力量是无限的。当你懂得和身边的人处好关系，建立深厚的感情后，你会发现你想问题的思路变了，每天的心情也变了。

人和人之间的相处，各有特长。你会的，别人也许不会，但你不会的，肯定有人会。打开自己的世界，与周围的人友好相处，感受他们的观点，你的人生将会变得不一样。

要如何才能与周围的人愉快相处呢？

1. 学会欣赏别人的优点

懂得欣赏别人的优点，你才能发现自己身上的不足之处。首先，你要明白人无完人，你的身上一定有你看到或看不到的缺点。

在生活中，如果你发现了别人的优点，你可以主动向对方说出来，向对方学习。他听到了你的夸奖后，会对你表示感谢。

你可以就如何学会对方的优点，与他展开深入的交流。

2. 共同经历一段难忘的时光

一个人要想迅速走入他人的心，可以试着与对方共同经历一段难忘的时光。比如你可以约对方一起去参加爬山、看电影、游泳这样的活动。

当你和对方在这些活动里感受到了快乐，尤其是度过了一段难忘的时光时，你在对方心里的印象将会迅速加深。

约朋友去唱歌，约朋友去餐厅吃饭，这样的活动都可以。只要你觉得活动能让对方记得你，让你们有一段愉快的回忆，你都可以拿来尝试。

3. 不要干预朋友的个人生活

良好的人际关系，需要你用心经营。如果你想拥有知心的好友，那你一定要记住一点，不要去干预朋友的生活，对他的个人生活指指点点。

朋友在做什么，想要过什么样的生活，那是他的自由。如果他没有来征求你的意见，你要懂得掌握分寸，不要自作主张，去干预他的生活。

千万不要打着你们是好朋友的幌子，以爱的名义，去控制别人的生活，那样只会让朋友对你产生厌烦心理。

4. 学会照顾别人的心理感受

当你懂得待人处事照顾别人的心理感受时，你就会更加能够赢得他人的尊重。

比如，与人说话之前，你能够认真思考，根据对象的不同，灵活地说话，让人感到温暖。那你的人际交往圈一定会变得好起来。

谁都不希望遇到别人的冷落和不尊重，即使是小人物，他们也有自己的喜怒哀乐。做一个细心的人，照顾好身边的人心理感受，你才有可能变成交往高手。

5. 学会巧妙介绍自己

有些人，常常自认为认识许多人，有无数的朋友。可当和朋友见面时，别人却连他的名字都叫不出来。之所以出现这样的情况，往往和他们没有介绍好自己的名字有关。

初次见面的人，介绍自己的名字非常重要。名字介绍得好，能够迅速吸引别人对你产生兴趣，为你们之间的交往打下基础。

你可以根据你名字的含义，以及最能让人记住的方式，巧妙地介绍自己。比如，用诗词歌赋的方式来介绍自己，让人听一遍就印象深刻。

人际关系虽然微妙又复杂，但并不是毫无规律可循。当你试着用上面的方法与周围的人好好相处后，你会发现其实人际关系很简单。

只要你能做到，让别人喜欢你，愿意与你相处，你就成功了。

六、优秀的人，往往都是善于交际的人

善于交际的人，无论是在工作中还是在生活中都能占据主动权，他们能够利用人际关系所积累的资源，更好地为自己办事。

心理学研究表明，善于交往的人，身上充满了魔力，他们能在短时间内与周围的人友好相处。在他们内心深处，他们往往有着积极的自我意识："我是一个受人欢迎的人，我喜欢与人交往。"

要怎样才能和他们一样，拥有良好的人际交往水平呢？我们要先明白一点，我们每个人都有自己优点与不足。

只有接触的优秀的人多了，才能够让我们知道自己的不足之处，以及需要努力的地方。人际交往为我们自我提升打开了一个窗口。好好利用这个窗口，我们将受益无穷。

王泽，28岁，年纪轻轻的他现在已经注册了一家公司，成了朋友们口中所说的小老板。

大家都知道，王泽这个人的人缘不错，身边有一群好朋友。每次他遇到困难的时候，朋友们都会挺身相助，帮他度过难关。

王泽是一个很擅长交往的人，他待人真诚又善良。当朋友遇到困难，需要帮助的时候，他会第一个站出来。

有一次，同学小王的妈妈生病住院，需要一笔医药费，他找许多人借钱，最后都空手而归。

小王找到王泽的时候，王泽当时还没有开公司，手里没多少积蓄。但他仍然四处帮小王借钱，最后终于凑齐了医药费。

不管是谁，只要找到了王泽，他都尽自己的全力去给予帮助，朋友们很多人都受过他的恩惠。

大家都说王泽是个很重感情，热心助人的人。后来，王泽开公司后，同学们也帮忙宣传，帮了他很大的忙。

王泽说，人际关系是一点一点慢慢经营的，你对别人好，别人自然也会对你好。

一个人想要取得成功，除了要有基本的实力，才华这些必备的条件外，还需要有良好的人际关系网，有了这强大的关系网，你的资源和消息才会畅通。

现代社会，资源相对集中，优秀的人常常强强联合。互相合作，互相发展。如果你不懂得人际交往，只是关着门做自己的事业，你很难走得很远。

因此，要想有好的事业，你必须要经营好你的人际关系。

冯裕在一家咖啡厅上班，老板娘虽然只有40岁，但却开了两家公司。

人们都说老板娘情商很高，是一个善于和他人交往的人。刚开始，冯裕还有些不相信，他觉得老板娘很普通，看不出有什么不一样的地方。

后来，经过仔细观察，他发终于现了老板娘果然是个交往高手。每个周末，老板娘会在店里组织一场朋友聚会，聚会上有唱歌、跳舞等节目。

当朋友们到店后，老板娘会给他们放好动听的轻音乐，准备好红酒、咖啡。喜欢喝酒聊天的可以自行喝酒聊天，喜欢唱歌跳舞的可以进行节目表演。

老板娘会提前根据每个人的喜好，给他们做好妥帖的安排。整个聚会过程中，大家喝酒的喝酒，聊天的聊天，唱歌的唱歌，彼此相处融洽。

朋友们都说，来店里聚会，就像回到了自己家一样，是很开心、舒服的一件事情。

老板娘回答："我能有你们这些朋友，是我今生最大的福气，在我遇到困难的时候，你们总是会无条件帮助我，让我很感动，我得谢谢你们！"

她说完后，深深地向朋友们鞠了一躬。

冯裕这时才明白过来，老板娘之所以能取得今天的成就，同她会感恩，体贴周到的品质有很大关系。

良好的人际关系，能够为我们带来好运。很多人不理解，说自己不擅长人际交往，于是就放弃了经营人际关系。

等到发现自己需要有人帮助却找不到人时，才开始后悔，说自己没有好好处理人际关系。

要想有良好的人际关系，你可以从下面的方法着手。

1."己所不欲，勿施于人"

人与人之间的友好都是相互的，你想让别人怎样对待你，那你就要按你希望别人对待你的方式去对待他。这样的话，你自然能交到朋友。

生活中，许多人之所以人际关系不好，是因为他们对别人不友善，却又反过来希望别人对他们好。

如果他们能把"己所不欲，勿施于人"的这个道理谨记于心，友善对待别人的话，他们的人际关系将会得到改善。

2. 经常与他人保持联系

再好的关系，都需要用心经营才能长久。空闲的时候，我们要经常与朋友保持联系。你可以给他们发微信，或者打电话，聊聊彼此的近况，说说心里话。

告诉他们你在关心他们，让他们感受到你对他们的想念。只有多和朋友联系，你们之间的感情才不会变得生疏。

3. 记住对方的名字

通常来说，名字会伴随一个人的一生。当你认识一个人后，一定要用心记住他的名字。下次再见面，如果你能随口喊出对方的名字。他会对你产生好感，觉得你有把他放在心上。你要明白，记住他人的名字，是人际交往中我们必须要掌握的一个小技能。

4. 学会包容别人

人和人相处，难免会遇到矛盾和摩擦。这时候，你的宽容大度，能够给别人留下良好的印象。你的人际关系也会因此而得到发展，让更多人感受到你的人格魅力。

事实上，许多事情本身并没有什么大不了。只要你遇事时，能多包容别人，给别人一个台阶下，对方自然也会对你礼让三分。

大事化小，小事化无。你完全没必要与他人过多计较。

5. 学会尊重身边的每个人

我们每个人都是平等的，并不存在谁比谁高贵这样的观点。我们身边中的每个人，都值得我们去尊重。

当你能敞开心扉与他们做朋友，倾听他们的心声。你会发现他们身上也有许多闪光点，值得你去认真学习。

除了上面所介绍的技巧外，人际交往中需要掌握的技巧还有很多，只要多加思考和琢磨，你自己也会总结出适合你自己的方法。

记住，给别人一个笑脸，别人也会回馈你一个笑脸。从今天起，试着先改变自己，从自己出发，主动地与他人交往，你的人际关系将会有新的开始。

七、经营好人际关系，你才能左右逢源

人际关系，也叫人际沟通。

社会学将其解释为：人们在生产或生活活动过程中所建立的一种社会关系。

心理学则将其解释为：人与人在交往中建立的直接的心理上的联系，包括认知、情感、行为三个方面，其中情感是人际关系的基础。

人际关系一词是在20世纪初，由美国人事管理协会在美国心理学家梅奥的霍桑实验基础上最先提出来的。

人际关系包括朋友关系、夫妻关系、亲子关系、同事关系、师生关系等内容。按性质可分为自然性人际关系和社会性人际关系两种。

可以说，人际关系贯穿我们的一生，懂得处理人际关系，能够让我们工作和生活的质量提高，达到左右逢源的状态。

要如何才能处理好人际关系呢？一般人们认为，良好的人际关系是指和谐、融洽、友爱、团结的人际关系，它包含有注重诚信、互相尊重、平等互利等内容。

“己所不欲，勿施于人”，要想经营好你的人际关系，你应该要学会换位思考，想象你是对方，站在对方的角度，你会希望得到什么样的对待。

沈琼一直抱怨自己人的缘不好，从小到大都没有知心朋友。她不知道，这和她不讲诚信有很大关系。

她答应别人的事情，从来没有做到过。事后，她总能找借口为自己开脱，这让认识她的人，都很反感。

有一次，朋友请她看电影，把票买好了，在电影院等了她两个小时，也没有见到她的身影。

朋友打电话给她，她才说自己有事来不了。朋友问她，既然来不了为什么不提前告诉自己一声。

沈琼回答："不好意思，我忘了。"

这样的事情常常发生，她总是轻易答应别人，说自己一定会准时赴约，可结果她总是因为各种各样的理由到不了。

以至于后来大家对她有了不良印象，觉得她是一个喜欢爽约，不守诚信的人。因为她不讲诚信，也渐渐地对她整个人都疏远起来。

没有谁愿意与她深交，很多时候她想找人说说心里话，却发现不知道该找谁来诉说。

信任是靠彼此一点一点建立的。答应了别人，就一定要做到。如果实在因为突发的紧急情况而无法做到，也一定要及时让对方知晓，请求他的原谅。

而不是我行我素，不考虑别人的感受，一切只为自己高兴。即使你的一两次理由能让对方信服，但你不讲诚信的事实，会在对方的内心留下深刻的烙印。

张琳是朋友们公认的交际高手，可在她变成交际高手之前，她曾经因为不会经营人际关系而得罪过许多人。

在她大学期间，她学习成绩优异，是同学们羡慕的学霸。但她和同学们的关系却并不友善。

每当同学向她请教学习上的问题时，无论是谁，她常常贬低对方："你怎么那么笨呀？这题这么简单，你都不会，你脑子进水了吧？"

回到寝室，她也无法和室友们愉快相处。她总是指责室友们的爱好，说她们目光短浅，毫无见识。

刚开始，室友们看在她学习优秀的份儿上，还试着去包容。可后来室友们发现不管她们做什么，都会遭到她无情的鄙视和攻击，于是所有人渐渐远离她，和她保持着距离。

经过辅导员的耐心开导，张琳才渐渐改正了身上的缺点，她试着尊重每一个同学，与他们真诚交流，学习他们身上的优点。

时间久了，同学们感受到了张琳的改变，才重新接纳她，和她愉快地交往了起来。

人在交往中，你的言行举止，可以看出你的人品和修养，不要以为这些不重要。很多时候，能决定你是否吸引别人的，和这些细节有很大关系。

你要保持良好的修养，让他人看到你闪光的一面，才有可能让别人注意到你。当然，要想经营好你的人际关系，让自己左右逢源，你必须要掌握以下知识。

1. 学会与各种性格的人交往

每个人的性格是不一样的，如果你能和各种性格的人打交道，学会他们的优点，取长补短，那你的个人综合能力将会得到很大的提升。

在平时的生活中，你要学会总结每个人的性格特点，他们说话思路是怎样的，有着怎样的特点，要如何才能与他们友好地相处。

2. 学会与不同行业的人交往

不同行业的人，由于自身职业的需要，他们会有着职业带来的特点。比如，律师、医生、教师这些职业的人，他们具有的能力是各不相同的。

你要跳出自己的圈子，勇于和不同行业的人交往。抱着学习交流的态度，去分析他们身上值得你学习的地方，弥补自己的不足。

3. 不要抱有功利心

在与他人交往的过程中，不要抱有功利心，觉得谁对你有用，就和谁相处。这只会让你陷入交不到好朋友的尴尬局面。

没有人愿意把感情建立在利用的基础上，如果你付出了真诚，让人觉得你这个人值得交往，那你反而容易获得别人的信任。

但如果你是抱着功利心去交友，最终只会一无所获。

4. 要对自己充满信心

有信心的人，会散发出自信的光芒。在人际交往中，如果你对自己充满信心，能大方坦然地与别人交往，会让对方对你投来欣赏的眼光。

但如果你唯唯诺诺，没有一点儿自信，则会让人觉得你这个人没什么能力，不愿与你过多接触。

尤其是面对一些成功人士时，你不卑不亢，自信地与他们交往，更会获得他们对你的好感。

5. 要懂得与他人分享

独乐乐不如众乐乐，当你有了快乐的消息，分享给周围的人后，你会发现你能获得双倍的快乐。当你毫无保留地将你对生活、工作、学习方面的经验，大方地与别人分享后，你会收获别人的感激。很多时候，你甚至会因为分享的经验对别人有用，而交到志同道合的人。

和谐的人际关系，对我们来说特别重要。它能让我们保持愉快的情绪，对我们的工作、生活、学习带来好处。

有没有良好的人际关系，关系到你是否能拥有美好的人生。所以，你要加油，为了自己的人生，努力经营好的你人际关系。